comment RÉDUIRE VOS IMPÔTS

Les Éditions
TRANSCONTINENTAL inc.
1100, boul. René-Lévesque Ouest
24e étage
Montréal (Québec)
H3B 4X9
Tél. : (514) 392-9000
        1 (800) 361-5479

Correction d'épreuves :
   Sabine Gauthier

Conception graphique de la couverture :
   Lucie Chabot

Photographie de la couverture :
   Réflexion Photothèque

Photocomposition et mise en pages :
   Ateliers de typographie Collette inc.

Dépôt légal – 1er trimestre 1995
   Bibliothèque nationale du Québec
   Bilbiothèque nationale du Canada

ISBN 2-921030-80-2

Samson Bélair
Deloitte &
Touche

comment
RÉDUIRE
VOS IMPÔTS

Septième édition

Les Éditions
TRANSCONTINENTAL inc.

Avis au lecteur

Les renseignements et analyses apparaissant dans ce livre ne doivent pas être substitués aux conseils professionnels d'un spécialiste en fiscalité. La planification fiscale et financière visant à diminuer vos impôts est un processus complexe qui nécessite une adaptation à vos besoins ou à ceux de votre entreprise. Cet ouvrage vous fera prendre connaissance des principales dispositions qui permettent de minimiser votre charge fiscale. Prenez soin de consulter un spécialiste en fiscalité avant de prendre toute décision à cet égard. Ce livre tient compte de la loi en vigueur et des modifications proposées en date du 1er novembre 1994.

Comment réduire vos impôts a été rédigé par une équipe de spécialistes de Samson Bélair/Deloitte & Touche et de Deloitte & Touche, au service des Canadiens depuis plus de 130 ans. Le Cabinet est l'un des plus importants cabinets d'experts-comptables et de conseillers en management comptant un effectif de plus de 4 500 personnes, dont environ 600 associés et plus de 3 000 professionnels dans 63 bureaux au Canada. Parmi sa clientèle de plus de 65 000 personnes et entreprises, le Cabinet compte environ 100 sociétés qui figurent parmi les 500 plus importantes selon la liste du *Financial Post*. De plus, à titre de membre de Deloitte Touche Tohmatsu International, le Cabinet sert des clients dans plus de 100 pays.

Rédacteurs :	John Stacey, Toronto
	Gilles Veillette, Montréal
Collaborateurs :	Gisèle Archambault, Montréal
	Barb Bertrand, Toronto
	Andy Bieber, Winnipeg
	Marty Blatt, Edmonton
	Pat Bouwers, Toronto
	John Bowey, Kitchener
	John Budd, Toronto
	Peter Clayden, Vancouver
	Stephen Curtis, Kitchener
	John Hutson, Kitchener
	Mike Lavery, Calgary
	Anne Montgomery, Toronto
	Keith Pitzel, Winnipeg
	Michel Richer, Montréal
	Len Sakamoto, Toronto
	Bill Sherman, Toronto
	Linda Stillabower, Toronto
	Brian Taylor, Saskatoon
	Bill Vienneau, Halifax
	Paul Vienneau, Toronto
	Randy White, Halifax
Assistance à la production :	Junia Fulgence, Toronto
	Francine Meilleur, Montréal

Avant-propos

Voulez-vous payer plus d'impôts sur le revenu que la loi l'exige ?

Non, bien entendu. Cependant, c'est exactement ce que de nombreux Canadiens font, et ce, pour plusieurs raisons. Certains ne comprennent peut-être pas les règles d'imposition ou la façon dont elles sont appliquées, tandis que d'autres ne tirent pas profit des occasions de planification fiscale permises par la loi. Beaucoup trop de contribuables font des erreurs quand vient le temps de remplir leur déclaration de revenus, erreurs que le ministère du Revenu peut ne pas identifier ou corriger. Enfin, certaines personnes n'arrivent tout simplement pas à respecter les échéances imposées par la loi et finissent donc par payer des intérêts et des pénalités en plus du montant qu'elles doivent déjà.

Nous pensons que ce livre peut vous aider à éviter des erreurs coûteuses et à réduire ou à reporter votre fardeau fiscal en adoptant une planification intelligente, tant pour votre déclaration de 1994 que pour 1995.

Au moment d'aller sous presse, deux questions urgentes ressortent. D'abord, l'année d'imposition 1994 est la dernière au cours de laquelle vous pourrez vous prévaloir de l'exonération cumulative de 100 000 $ pour gains en capital, maintenant abolie. Le chapitre 7 décrit les différents aspects du choix qui est disponible en 1994 seulement et ce qu'il signifie pour vous.

Ensuite, les déboires financiers du gouvernement pourraient entraîner des changements réduisant les avantages des REER et d'autres régimes de retraite. Le chapitre 6 traite des questions liées à l'épargne en vue de la retraite et suggère une solution qui pourrait réduire l'effet des changements potentiels.

En dernier lieu, nous espérons que le calendrier fiscal qui suit vous aidera dans votre planification fiscale pour l'année 1995.

Calendrier fiscal 1995

Le 28 février 1995   Dernier jour pour produire les feuillets T4 et T5 de 1994 et les envoyer aux bénéficiaires.

Le 1er mars 1995   Dernier jour pour verser les cotisations à un REER pouvant être déduites du revenu imposable des particuliers en 1994.

Le 15 mars 1995   Échéance du 1er acompte provisionnel trimestriel d'impôt sur le revenu des particuliers en 1995.

Le 15 avril 1995   Échéance pour produire les déclarations d'impôt sur le revenu des particuliers de 1994 aux États-Unis et dernier jour pour soumettre une demande de prolongation.

Le 30 avril 1995 (peut-être le 1er mai 1995)   Échéance pour produire les déclarations d'impôt sur le revenu des particuliers de 1994, pour produire le choix à l'égard de l'exemption de 100 000 $ pour gains en capital et pour payer le solde des impôts de 1994. Dans le cas d'un contribuable décédé en 1994, sa dernière déclaration doit être produite le 30 avril 1995 ou six mois après son décès, selon la date la plus tardive.

Le 15 juin 1995   Échéance du 2e acompte provisionnel trimestriel d'impôt sur le revenu des particuliers en 1995.

Le 15 septembre 1995   Échéance du 3e acompte provisionnel trimestriel d'impôt sur le revenu des particuliers en 1995.

Novembre 1995   Mois idéal pour une dernière vérification de la planification fiscale de l'année 1995.

Le 15 décembre 1995   Échéance du 4e acompte provisionnel trimestriel d'impôt sur le revenu des particuliers en 1995.

Le 31 décembre 1995   Échéance de l'acompte provisionnel unique des agriculteurs et des pêcheurs en 1995.

 Les versements envoyés par la poste sont considérés comme ayant été reçus à la date de réception réelle et non pas à celle de la mise à la poste. D'autre part, les paiements qui sont faits auprès d'une banque à charte sont considérés comme ayant été reçus par Revenu Canada à la date du paiement.

Table des matières

15

Le processus de planification fiscale

Évaluez votre situation actuelle.

Quels sont vos besoins et objectifs financiers ?

Planifiez pour minimiser et reporter les impôts.

La planification fiscale se réalise par :

le fractionnement du revenu ;

le déplacement du revenu ;

le choix de placements ;

le report de l'impôt ;

les abris fiscaux.

La planification fiscale ne doit pas être plus importante
que votre bien-être économique et financier.

Reportez l'impôt puisqu'un dollar aujourd'hui vaut plus
qu'un dollar dans le futur.

PLANIFICATION FISCALE

Nul ne devrait payer plus d'impôt que ne l'exige la loi. Une bonne planification fiscale constitue la meilleure façon de ne pas payer plus que sa juste part. Il ne faut toutefois pas confondre évasion fiscale et planification fiscale. L'évasion désigne toute manœuvre dont le but est de cacher certains revenus normalement assujettis à l'impôt. Ainsi, éviter sciemment de faire état de tous ses revenus d'intérêts est un exemple typique d'évasion fiscale. La planification fiscale consiste d'abord à identifier vos objectifs financiers et, ensuite, à les réaliser tout en payant le moins d'impôt possible en vous prévalant des règles fiscales qui vous permettront de réduire ou de reporter l'imposition du revenu, d'augmenter les déductions auxquelles vous avez droit et d'éviter les pièges fiscaux.

Les stimulants fiscaux sont expressément adoptés par le gouvernement pour favoriser certaines activités économiques. En tirant parti de tels stimulants, vous agissez alors exactement selon ses vœux. Ces dispositions sont donc tout à fait à l'opposé des échappatoires fiscales qui, pour leur part, sont de malencontreuses erreurs dans la formulation et la structure législatives.

ÉLABORATION DE VOTRE PLAN

Habituellement, la première étape à franchir en vue de planifier efficacement votre impôt consiste à évaluer votre situation actuelle. Nous vous présentons, au chapitre 13, des tableaux résumant les taux d'imposition et différents crédits qui vous aideront à déterminer votre situation fiscale pour 1994. Il s'agit là d'un point de départ pour calculer l'incidence fiscale des divers éléments de planification mentionnés dans ce livre. Il existe d'autres facteurs dont vous devez tenir compte dans votre planification, notamment les taux d'intérêt, les taux d'inflation prévus, les règles actuelles de l'impôt sur le revenu et la possibilité de modifications ultérieures à la loi. Quand vous aurez examiné tous les facteurs pertinents à votre situation, vous serez en mesure de réaliser votre planification fiscale.

CONCEPTS CLÉS DE PLANIFICATION FISCALE

La planification fiscale s'appuie essentiellement sur cinq moyens principaux:

Fractionnement du revenu
Le transfert de revenu d'un contribuable se trouvant dans une tranche d'imposition élevée à un autre se trouvant dans une tranche d'imposition moins élevée.

Déplacement du revenu
Le transfert de revenu d'une année où le taux d'imposition est élevé à une année où ce taux est moins élevé, ou encore le déplacement de déductions d'une année où le taux d'imposition est peu élevé à une année où ce taux est élevé.

Choix de placements
La transformation du revenu tiré d'une source qui en fait un revenu totalement imposable à une autre source, qui permet une exemption totale ou partielle.

Report de l'impôt
Le report de l'imposition d'un revenu.

Abris fiscaux
L'utilisation des stimulants fiscaux dans le but de profiter au maximum du plus grand nombre de déductions et de réduire le revenu imposable à son minimum.

Pour bien comprendre la planification fiscale, il est indispensable de saisir les deux notions suivantes. La première est celle de la valeur temporelle de l'argent, notion qui permet d'expliquer l'importance du report de l'impôt, et la seconde est celle des tranches d'imposition à taux progressifs.

Valeur temporelle de l'argent

Cette notion signifie essentiellement qu'un dollar gagné aujourd'hui vaut plus que le même dollar gagné ultérieurement. À titre d'exemple, imaginons que vous recevez un dollar aujourd'hui et que vous l'investissez pour gagner de l'intérêt. Au bout d'un an, vous disposerez d'un dollar plus l'intérêt. Si vous n'aviez pas reçu ce dollar au début de l'année, vous n'auriez pas eu la possibilité de réaliser cet intérêt. Par conséquent, il vous coûte plus cher de verser un dollar d'impôt aujourd'hui qu'ultérieurement, puisque vous perdez l'intérêt que ce dollar aurait pu vous rapporter entre temps.

Report de l'impôt

Le fait de retarder le paiement de l'impôt correspond à la notion de report de l'impôt. L'un des principaux aspects de la planification fiscale consiste à reporter le plus possible le paiement de l'impôt. Plus vous pouvez reporter le paiement de l'impôt, plus vous disposez d'argent, entre temps, pour investir ou réaliser d'autres activités.

Tranches d'imposition à taux progressifs

Le pourcentage d'impôt que vous devez verser augmente au même rythme que votre revenu imposable. Ainsi, les derniers dollars que vous gagnez sont plus fortement imposés que les premiers. Les différents taux d'imposition applicables à divers niveaux de revenu constituent les tranches d'imposition, qui vous indiquent le montant payable à l'État pour chaque dollar supplémentaire de revenu imposable que vous réalisez.

La notion des tranches d'imposition est un aspect clé de la planification du revenu familial, en particulier à l'égard du fractionnement du revenu. Par exemple, si votre revenu se situe dans la tranche d'imposition de 45 % et que vous pouvez en transférer une part à un membre de la famille dont le revenu se situe dans la tranche de 26 %, la famille économise alors 19 cents pour chaque dollar imposable ainsi transféré (jusqu'à ce que ce membre de la famille passe à la tranche d'imposition suivante).

Les tranches d'imposition vous indiquent aussi les sommes que vous pouvez épargner lorsque vous engagez des frais déductibles d'impôt. Si votre tranche d'imposition s'établit à 45 %, et que vous pouvez déduire 1 $ de votre revenu imposable, vous économisez 45 cents d'impôt ; cette économie de 45 cents signifie que le coût après impôt de vos dépenses pour chaque dollar déductible d'impôt est en fait de 55 cents. Il ne fait aucun doute que la notion de tranches d'imposition rend les frais déductibles d'impôt plus intéressants pour les contribuables à revenu élevé que pour ceux dont le revenu est faible.

Crédits d'impôt par rapport aux déductions du revenu

Une déduction diminue le revenu imposable et permet d'économiser l'impôt calculé selon le taux marginal d'impôt. Par contre, un crédit d'impôt réduit le montant d'impôt à payer. Il ne fait pas partie du calcul du revenu imposable. Par conséquent, un crédit d'impôt de 100 $ permet d'économiser 100 $ d'impôt, peu importe votre taux marginal d'impôt. À l'inverse, les frais de 100 $ déductibles dans le calcul de vos revenus vous permettent, si vous vous trouvez dans la tranche de 45 %, d'épargner 45 $ alors que la même déduction ne procure qu'une économie de 26 $ à la personne se situant dans la tranche de 26 %.

OBJECTIFS DE LA PLANIFICATION FISCALE

Votre premier objectif fiscal devrait consister à réaliser le revenu au moment où il sera le moins imposé et sous la forme la plus avantageuse à cet égard. Un avertissement s'impose toutefois : il est peu probable qu'un stimulant fiscal particulier ou une méthode de planification fiscale transforme un placement peu rentable en un placement valable. En d'autres mots, vous devriez d'abord tenir compte de la qualité du placement et ensuite des déductions qui s'y rattachent. Un placement donnant droit à de fortes déductions fiscales mais qui est perdu par la suite est un très mauvais exemple de planification fiscale.

La vérification fiscale

À partir du moment où votre déclaration d'impôt fait l'objet d'une première cotisation, l'administration fiscale dispose de trois ans pour revoir votre déclaration de revenus et établir une nouvelle cotisation si elle le juge approprié. Bien qu'il soit peu probable que votre déclaration fasse l'objet d'une vérification, vous devez être en mesure d'expliquer l'information qui y figure sur demande. Par conséquent, l'un des principaux aspects de votre planification fiscale et financière doit porter sur la tenue de registres adéquats. Vous devez posséder les pièces à l'appui de vos déclarations et de vos diverses activités financières et commerciales. Cette documentation vous aidera, dans quelques

26

années, à vous souvenir avec précision de votre situation ou d'événements antérieurs. Si le fisc décidait de soumettre votre déclaration à une vérification, cette documentation détaillée vous aiderait également à fournir les preuves d'une planification soignée et sérieuse, aspect important dans de nombreux domaines du droit fiscal.

Il n'y a rien à craindre d'une vérification fiscale. Si votre planification est bien conçue et bien documentée conformément aux dispositions de la loi, il n'y a pas lieu de s'inquiéter. *Par contre, si vous avez présenté les faits de façon erronée, en raison de négligence, d'omission volontaire, ou encore de fraude, il y a tout lieu de vous inquiéter! Dans ces cas, la limite de trois ans ne s'applique pas!*

AU TRAVAIL !

En somme, la planification fiscale est un processus simple qui repose sur certains éléments de base. Elle devrait faire partie intégrante de votre planification financière et de votre budget, puisqu'elle est pratiquée tout au long de l'année. Plus la fin de l'année approche, plus les possibilités de réduire votre impôt sont minces, sauf si vous avez entrepris une planification fiscale soignée dès le début de l'année. Cette planification sera plus efficace si vous vous y mettez DÈS MAINTENANT.

AU TRAVAIL!

L'ABC
du revenu

Pouvez-vous obtenir certains avantages non imposables
de votre employeur ?

Si vous déménagez, obtenez un prêt à la réinstallation.

Les frais reliés à un bureau à domicile
peuvent être déductibles.

Choisissez une fin d'exercice pour optimiser
le report de l'impôt.

Les intérêts pour gagner un revenu
peuvent être déductibles.

N'oubliez pas l'exemption pour résidence principale.

Pension alimentaire : utilisez la déduction à bon escient.

Les dons et héritages reçus ne sont pas imposables.

Vérifiez qui peut déduire les frais de garde d'enfants.

A vant de vouloir réduire l'impôt sur vos revenus, il est important de connaître d'abord la nature exacte des sources de ces revenus, puisque le fisc ne les gruge pas de la même façon. Les revenus imposables sont regroupés en trois grandes catégories : les revenus provenant d'un emploi, les revenus générés par une entreprise ou tirés de biens et les gains en capital. D'autres éléments de revenu sont assujettis ou non à l'impôt. En fait, tout avantage provenant d'une activité sera vraisemblablement imposable. Par contre, les dépenses ne sont pas déductibles à moins qu'elles soient nécessaires pour générer une catégorie de revenu imposable.

REVENU D'EMPLOI

Sur le plan de la planification fiscale, le revenu tiré d'un emploi est sans doute celui qui offre le moins de possibilités. Dans la plupart des cas, votre revenu d'emploi imposable comprend tous les avantages que vous tirez de cet emploi. En général, les montants en cause sont calculés par votre employeur et vous sont transmis chaque année, de même qu'au fisc, sur votre feuillet T4 ou votre relevé 1.

Avantages sociaux

Votre revenu d'emploi inclut des éléments tels que l'utilisation, à des fins personnelles, d'une automobile dont l'employeur est propriétaire, certaines primes versées par ce dernier en vertu de régimes provinciaux d'hospitalisation et de soins médicaux, les récompenses et les primes de rendement, les conseils financiers, les privilèges découlant de déplacements et, depuis 1994, le coût total de l'assurance-vie collective, plutôt qu'uniquement la tranche de la prime relative à la couverture excédant 25 000 $. Les avantages non imposables incluent les repas subventionnés, les uniformes ou vêtements spéciaux de travail, les aires de détente aménagées sur les lieux de travail, les remises sur les produits achetés à votre employeur pour usage personnel, les consultations en matière de retraite ou de réembauchage, les consultations en matière de santé mentale ou physique et les régimes d'assurance-maladie et de revenu garanti.

Bien que le revenu d'emploi offre relativement peu de possibilités de planification par rapport à d'autres sources de revenu, votre employeur peut mettre à votre disposition divers modes de rémunération ayant chacun leurs répercussions fiscales.

Régimes d'options d'achat d'actions des employés

Les mesures fiscales reliées aux régimes d'options d'achat d'actions sont très complexes. Pour éviter de mauvaises surprises, si vous détenez ce genre d'options, nous vous conseillons de consulter un professionnel.

Prêts à des employés

L'expression «prêt à des employés» désigne généralement tout arrangement en vertu duquel un employé est imposé sur un bénéfice résultant de l'intérêt réputé sur le prêt consenti par l'employeur. Cette expression peut toutefois semer la confusion. En effet, en plus de s'appliquer aux prêts, ces règles touchent également toute autre dette engagée en vertu de la charge ou de l'emploi antérieur, présent ou futur d'un particulier. Pour que ces règles s'appliquent, il n'est pas nécessaire que l'employé soit le débiteur ni que l'employeur soit le créditeur. Par exemple, les règles concernant les intérêts réputés s'appliquent lorsque l'employeur accorde un prêt à l'enfant de l'employé dans le but de subvenir à ses besoins au cours de ses études universitaires, ou lorsqu'un employé obtient un emprunt bancaire à un taux d'intérêt inférieur à celui du marché en raison de l'intervention de l'employeur. Peu

importe la personne qui est débitrice, tout avantage relié aux intérêts réputés est imposable entre les mains de l'employé. En outre,
les règles s'appliquent aux prêts consentis par des tiers lorsque
l'employeur en finance la totalité ou une partie.

Le montant de l'avantage imposable à inclure dans le revenu
correspond généralement à la différence entre les intérêts qui
seraient payables si l'emprunt était contracté au taux que prescrit
le gouvernement à chaque trimestre et les intérêts réellement
payés dans l'année ou dans les 30 jours qui suivent la fin de l'année
civile. Par exemple, lorsque vous empruntez 10 000 $ de votre
employeur à 2 % et que le taux prescrit s'élève à 8 % pour l'année,
vous devez inclure 600 $ dans votre revenu à titre d'avantage
imposable (8 % – 2 % de 10 000 $), si le prêt était en vigueur au
cours de l'année entière.

Fait à noter, les règles ne s'appliquent pas si le taux d'intérêt
de l'employeur est égal ou supérieur au taux accordé sur les prêts
commerciaux au moment où le prêt est contracté, compte tenu des
conditions du prêt.

Prêts consentis pour l'achat d'une maison. Un prêt consenti
par l'employeur (ou grâce à l'employeur) pour l'achat d'une maison
permet à l'emprunteur (ou à une personne liée) d'acheter un logement qu'il habitera ou de financer à nouveau l'hypothèque d'un tel
logement. La définition englobe un prêt consenti pour l'acquisition
d'une action dans une coopérative d'habitation constituée en compagnie, aux fins d'habiter une maison détenue par la compagnie.

L'avantage imposable d'un tel prêt est calculé en fonction du
moindre du taux prescrit du trimestre en cours ou de celui qui était
en vigueur au moment où le prêt a été consenti. Les taux prescrits
pour 1994 étaient de 5 % pour le premier trimestre, de 4 % pour le
deuxième trimestre, de 6 % pour le troisième trimestre et de 7 %
pour le quatrième trimestre. Tous ces prêts sont considérés avoir
une durée qui ne dépasse pas cinq ans ; par conséquent, à chaque
cinquième anniversaire du prêt, on présume qu'un nouveau prêt est
consenti et le taux d'intérêt prescrit à cette date s'applique pour la
prochaine période de cinq ans.

En raison du mode de calcul du taux prescrit, on connaît
généralement d'avance le taux du trimestre suivant. Il est donc
possible de planifier en conséquence. Un employé qui négocie un

prêt avec son employeur en vue d'acquérir (ou de rembourser un prêt ayant servi à acquérir) un logement doit envisager de demander un prêt à court terme (c'est-à-dire moins de trois mois). Si le taux prescrit du trimestre suivant est moindre que le taux du trimestre en cours (ou égal à ce dernier), un autre prêt à court terme pourra être contracté. Par contre, si la tendance du taux prescrit est à la hausse, il devrait conclure un prêt à long terme (de cinq ans, par exemple).

Prêts à la réinstallation. Un employé transféré à un nouveau lieu de travail ou muté à un nouveau poste peut soustraire un montant déterminé de l'avantage imposable tiré d'un prêt consenti par l'employeur pour l'achat d'une maison. Pour bénéficier de cette déduction, il doit être admissible à la déduction pour frais de déménagement et avoir obtenu un prêt portant peu ou pas d'intérêt pour l'achat de la maison. Cette déduction correspond au moindre de l'avantage réel inclus dans son revenu et de l'avantage découlant d'un prêt sans intérêt de 25 000 $ reçu à titre d'employé. Cette déduction est offerte pendant le moindre de cinq ans et de la période au cours de laquelle le prêt (ou un prêt de remplacement) demeure impayé. Soulignons qu'un employé est admissible à la déduction pour frais de déménagement lorsque son nouveau logement le rapproche de 40 kilomètres ou plus de son nouveau lieu de travail.

Déductibilité des intérêts réputés. Il est possible pour les employés de demander une déduction compensatoire pour tous les intérêts imputés à leurs revenus au titre des avantages imposables, pourvu que ces intérêts eussent été déductibles s'ils avaient effectivement été versés. Par exemple, les prêts à taux d'intérêt faible ou nul utilisés à des fins de placement (notamment pour l'achat d'actions de la société de l'employeur, ou en vue de l'achat d'une automobile ou d'un avion qui sera utilisé dans le cadre du travail) deviennent un à-côté fort intéressant en raison de la déductibilité des intérêts. De toute évidence, vous voudrez examiner les incidences fiscales de l'utilisation d'une voiture pour votre travail, lesquelles font l'objet du chapitre 9.

Notez toutefois que seul le débiteur, c'est-à-dire celui qui utilise effectivement le prêt, peut se prévaloir de la déduction éventuelle, même si l'avantage imposable concernant les intérêts sera inclus dans le revenu de l'employé. Lorsque les intérêts sont déductibles, il est préférable que l'employé soit le débiteur ; sinon, il est imposé relativement à l'avantage sans bénéficier de la déduction compensatoire. Toutefois, si le débiteur se situe dans une tranche d'imposition plus élevée, il peut être avantageux que ce soit lui qui se prévale de la déduction, plutôt que l'employé.

Avantages des prêts aux employés. Les prêts des employeurs à taux d'intérêt faible ou nul peuvent se révéler fort avantageux même si des intérêts sont considérés comme des avantages imposables, car l'impôt exigé sur les intérêts réputés sera toujours inférieur aux intérêts versés sur le marché. Supposons que vous empruntez à votre employeur une somme de 25 000 $ à 6 % au lieu d'emprunter ailleurs à 8 %. Vous pouvez ainsi réaliser chaque année une économie de 500 $ sur les intérêts débiteurs. Vous ne recevez aucun avantage imposable du fait que le taux d'intérêt que vous versez est plus élevé ou est égal au taux prescrit (à condition que ce dernier ne dépasse pas 6 %). Remarquez que les intérêts doivent être payés dans un délai de 30 jours après la fin de l'année ; autrement, ils ne peuvent servir à réduire l'avantage attribué.

Bien sûr, les avantages sont encore plus marqués si le prêt consenti à l'employé ne porte pas intérêt. Si votre taux d'imposition marginal s'élève à 44 % et que vous empruntez 25 000 $, le coût du prêt correspond à l'impôt payé sur l'avantage attribué de 1 500 $ (25 000 $ à 6 %), soit 660 $ (à supposer que le taux prescrit reste à 6 % pendant toute l'année et que le prêt ne soit pas remboursé avant un an). Les dépenses réelles en intérêts résultant de ces calculs totalisent 2,64 % et il en découle une économie de 1 340 $ par rapport au prêt à 8 % (2 000 $ moins 660 $). Lorsque le prêt sert à réaliser un revenu de placement, les intérêts présumés de 1 500 $ sont déductibles et le prêt n'entraîne aucuns frais, alors que le coût après impôt relatif à un prêt ordinaire s'élèverait à 1 120 $ (2 000 $ moins une économie d'impôt de 44 %).

Prêts aux actionnaires. Des règles spéciales s'appliquent aux avances ou aux prêts obtenus de votre société lorsque vous êtes à la fois actionnaire et employé d'une entreprise. Bien que de nombreuses règles concernant les prêts à taux d'intérêt faible ou nul soient les mêmes que celles énoncées précédemment, des incidences fiscales supplémentaires peuvent résulter de l'octroi de tels prêts. (Voir le chapitre 3.)

Régimes de revenu différé

Les employeurs offrent des régimes de ce genre, et plusieurs de ces régimes s'inscrivent dans le cadre d'une planification de la retraite. L'admissibilité au report de l'impôt sur votre revenu d'emploi dépend du genre de régime que vous avez. (Voir le chapitre 6.)

Frais relatifs à un emploi

En règle générale, les employés ne peuvent demander des déductions à l'égard des frais qu'ils engagent dans le cadre de leur emploi, à moins que ces déductions ne soient explicitement permises en vertu de la Loi de l'impôt sur le revenu. Les frais relatifs à un emploi pouvant être déductibles sont les cotisations syndicales ou celles qui sont versées à une corporation professionnelle (sauf les frais d'adhésion), les frais d'automobile, les frais de déménagement, les frais relatifs aux fournitures utilisées dans le cadre des activités de l'employé s'il lui incombe de les payer en vertu d'un contrat et les frais judiciaires engagés pour percevoir un salaire ou un traitement dû par un employeur ou pour démontrer un droit à l'égard de ce salaire ou traitement. Des dispositions particulières sont prévues pour les membres du clergé, les représentants de commerce, les musiciens, les artistes et certains employés des entreprises de transport et des compagnies de chemin de fer. Si vous êtes admissible, assurez-vous de remplir les formulaires prescrits appropriés et de les faire signer par votre employeur.

Les frais judiciaires payés pour percevoir ou démontrer le droit à une allocation de retraite (incluant les indemnités pour congédiement injustifié) ou à une prestation de retraite sont déductibles. La déduction est limitée aux sommes reçues de ces sources qui ne sont pas transférées dans un REER ou RPA. Ces montants excédentaires peuvent être reportés au cours des sept prochaines années. Tout remboursement de ces frais doit être ajouté au calcul de votre revenu.

Un contribuable souffrant d'une déficience grave et prolongée peut déduire le coût des soins fournis par un aide à temps partiel, sauf s'il s'agit de son conjoint. La déduction est limitée aux deux tiers du revenu admissible jusqu'à concurrence de 5 000 $. Ce revenu admissible est constitué du revenu d'emploi ou d'entreprise, d'une allocation relative à la formation ou encore d'une subvention au titre de la recherche ou autre (déduction faite des frais). Cette déduction s'ajoute au montant de crédit d'impôt personnel qu'un contribuable peut réclamer dans une telle situation. (Voir le chapitre 5.)

Frais d'automobile

Si vous vous servez de votre voiture dans le cadre d'un emploi ou pour votre entreprise, vous pouvez vous prévaloir de la déduction pour frais d'automobile. (Voir le chapitre 9.)

Frais de déménagement

Les frais de déménagement sont déductibles dans la mesure où ils ne sont pas remboursés par l'employeur. Pour qu'un contribuable soit admissible à la déduction, certaines conditions doivent être remplies. Les frais de déménagement doivent être engagés lorsque ce contribuable se lance dans l'exploitation d'une entreprise ou encore devient employé (ou étudiant au niveau post-secondaire à plein temps) dans un nouvel endroit. En outre, le nouveau logement doit le rapprocher de 40 kilomètres ou plus de son nouveau lieu de travail ou d'études.

Les frais admissibles comprennent notamment les frais de déménagement du contribuable et des membres de sa famille, y compris les dépenses pour repas et logement, les frais de la vente de son ancienne résidence, les frais de services juridiques à l'égard de l'achat de la nouvelle résidence, pourvu que le contribuable ou son conjoint ait vendu son ancienne résidence, ainsi que les frais de transport et d'entreposage de ses meubles. Il existe différents plafonds fixant le montant total qui sera déductible, selon les conditions dans lesquelles surviendra le déménagement.

REVENU D'ENTREPRISE

Revenu tiré d'une entreprise ou de biens

Si vous exercez une activité qui se qualifie comme entreprise, vous êtes en général tenu d'acquitter les impôts sur son « bénéfice ». Celui-ci correspond au revenu de l'entreprise moins les frais engagés pour réaliser le revenu. Si vous subissez une perte d'entreprise, celle-ci peut servir à réduire votre revenu tiré d'un emploi, d'un placement ou d'autres activités. Dans certaines circonstances, des limites s'appliquent à l'utilisation des pertes agricoles à l'encontre d'autres types de revenu.

Si l'activité donne lieu à un revenu provenant de l'aliénation de biens, ce dernier sera ou bien inclus en entier dans votre revenu imposable, ou bien considéré à titre d'un gain en capital admissible à une exclusion partielle.

La réalité économique de l'activité détermine en principe son traitement fiscal. Dans ce domaine, il est cependant essentiel que vous disposiez de renseignements détaillés sur les activités que vous exercez. Si vous vous lancez dans une nouvelle entreprise tout en conservant votre emploi actuel, vous devez tenir des registres détaillés pour démontrer qu'il est raisonnable de considérer que vous réaliserez des bénéfices et que vous faites preuve d'une attitude professionnelle. Une telle attitude suppose que vous ferez appel, au besoin, aux conseils de professionnels, que vous possédez la compétence nécessaire dans le domaine ou que vous irez chercher de l'aide extérieure. *Si vous ne pouvez faire ces démonstrations (bénéfices et professionnalisme), il est possible que votre activité soit considérée comme un passe-temps, auquel cas vos déductions fiscales seraient limitées au revenu provenant de l'activité.* Advenant que cette activité entraîne une perte, vous ne pourrez utiliser la perte d'entreprise pour réduire votre revenu d'autres sources. La tenue de registres détaillés est particulièrement importante dans le cas d'activités agricoles, qui sont souvent pratiquées à temps partiel. Si votre activité entraîne des pertes pendant un certain nombre d'années, le fisc pourrait fort bien considérer cette activité comme un passe-temps, et non comme une entreprise.

Fait à noter, il est tout aussi important de conserver les pièces justificatives de vos décisions si vous considérez l'activité comme un placement et espérez utiliser le bien acquis pour réaliser un revenu. En effet, vous devez fournir la preuve qu'il est raisonnable de s'attendre à ce que le bien donne lieu à un revenu de placement. À titre d'exemple, si vous achetez un terrain dans l'espoir d'y construire un immeuble à bureaux ou un autre bien générateur de revenu, ce terrain peut constituer une immobilisation, admissible au traitement des gains en capital lors de son aliénation. Par

37

contre, si un placement dans le terrain a été effectué dans le but de le conserver pour réaliser un revenu découlant de l'augmentation de sa valeur, il s'agira alors probablement d'une affaire à caractère commercial ou d'une entreprise (selon le volume d'une activité semblable), et le revenu qui est en cause sera vraisemblablement imposable en totalité. Le fisc a plutôt tendance à considérer une augmentation de valeur comme un revenu ordinaire et une diminution de valeur comme une perte en capital, plutôt que de traiter une augmentation comme un gain en capital et une diminution comme une perte ordinaire.

Imposition du revenu d'entreprise

Les possibilités de planification fiscale sont généralement plus nombreuses si vous êtes considéré comme un travailleur indépendant ou si vous possédez ou dirigez une entreprise, que si vous êtes un employé. Des règles différentes s'appliquent au revenu tiré d'une entreprise. De plus, l'imposition du revenu d'entreprise diffère selon que cette entreprise est constituée en société par actions ou non. (Veuillez consulter le chapitre 8 pour connaître les avantages et les inconvénients de la constitution en société, de même qu'un certain nombre d'aspects de planification fiscale liés aux petites entreprises.) Notez qu'au moyen d'un mécanisme de roulement fiscal permettant de reporter l'impôt, vous pouvez transférer à une société de personnes, ou à une société par actions, des éléments d'actif d'une entreprise que vous exploitez personnellement.

En règle générale, l'impôt porte sur le « bénéfice » de votre entreprise sans tenir compte des fonds que vous en avez retirés (en supposant que l'entreprise ne soit pas constituée en société par actions). On obtient le bénéfice en déduisant du revenu brut de l'entreprise les diverses dépenses qui sont admises à titre de déduction. Ces dépenses doivent représenter un montant raisonnable et être engagées dans le but de produire un revenu. Les déductions courantes admissibles comprennent le coût des marchandises vendues et les dépenses liées aux salaires, à la location, aux fournitures, à la publicité, etc. Les frais engagés à l'égard des biens durables, comme l'acquisition de meubles ou d'équipement, ne sont pas déductibles. Par contre, vous pouvez réclamer une déduction pour amortissement à l'égard de ces acquisitions. Le bénéfice tiré de votre entreprise est inclus dans votre revenu imposable de l'année civile au cours de laquelle l'exercice financier de l'entreprise prend fin.

À l'exception de l'agriculture et de la pêche, le bénéfice est calculé selon la méthode de la comptabilité d'exercice plutôt que selon la méthode de la comptabilité de caisse.

Frais de bureau à domicile

Si vous êtes un travailleur indépendant ou que vous exploitez une entreprise à l'extérieur du cadre de votre travail et que vous avez aménagé un bureau dans votre maison, vous pouvez déduire certains frais s'y rattachant. *Les frais de bureau à domicile peuvent être déductibles uniquement aux conditions suivantes : le bureau constitue votre principal établissement d'affaires ou il est utilisé dans le but exclusif d'en tirer un revenu d'entreprise, il sert à rencontrer des clients ou des patients sur une base régulière et continue.* Le montant pouvant être déduit ne peut excéder le revenu tiré de l'entreprise pour l'exercice, après déduction de toutes les autres dépenses. Le montant excédentaire pourra être reporté afin d'être déduit ultérieurement au cours des exercices où l'entreprise produit un revenu. Fait à noter, pour les années d'imposition 1991 et suivantes, ces règles ont été élargies afin d'inclure les frais de bureau à domicile des employés.

Année d'imposition

Au cours de la première année d'exploitation, vous devez déterminer la fin de l'exercice financier de votre entreprise. Si vous vous attendez à une augmentation du revenu de l'entreprise, vous devriez choisir un exercice qui prend fin au début de l'année civile. Vous pourrez ainsi reporter une part du revenu d'entreprise réalisé à la fin de l'année civile, puisque ce revenu n'est pas assujetti à l'impôt avant l'année civile suivante.

À titre d'exemple, supposons que vous avez commencé vos activités le 1er juillet 1994 et que vous choisissez comme fin d'exercice le 31 décembre 1994, vous devez inclure dans votre revenu personnel le bénéfice de l'entreprise du 1er juillet au 31 décembre au moment de produire votre déclaration de revenus de 1994. Par contre, si vous choisissez comme fin d'exercice le 31 janvier 1995, vous n'aurez à inclure aucun revenu aux fins d'impôt jusqu'au moment de produire votre déclaration de 1995. Toutefois, si vous subissez une perte entre le 1er juillet et le 31 décembre 1994, vous choisirez peut-être comme fin d'exercice le 31 décembre afin d'utiliser la perte dans le but de réduire le revenu d'autres sources gagné en 1994. De même, si vous réalisez un bénéfice entre le 1er juillet et le 31 décembre 1994 et que vous subissez des pertes en janvier, en février et en mars 1995, vous songerez logiquement à choisir le 31 mars comme fin d'exercice. Il ne faut pas oublier que cette méthode ne constitue qu'un report d'impôt et non une épargne réelle.

Vous devez garder la fin d'exercice que vous avez choisie au départ, à moins que le fisc vous accorde une autorisation en vue de la modifier. Cette autorisation n'est accordée que dans le cas d'une raison valable concernant l'entreprise : la planification fiscale et l'épargne fiscale ne constituent pas des raisons valables. Par conséquent, le choix d'une fin d'exercice ne devrait pas être fixé uniquement en vue de réaliser des épargnes fiscales à court terme.

REVENU TIRÉ DE BIENS ET GAINS EN CAPITAL

La troisième grande catégorie de revenu est celle du revenu tiré de biens. Elle comprend les revenus d'intérêts et de dividendes ainsi que le revenu de location. Les gains en capital sont reliés au revenu de biens, mais ils sont assujettis à des règles spéciales, notamment quant à leur fraction imposable. (Voir le chapitre 7.)

Les gains provenant de transferts de biens (ventes, cadeaux, etc.) sont généralement imposables, y compris les gains provenant de la vente de biens destinés à votre seul usage personnel. Il existe trois principales exceptions à cette règle : certains transferts entre conjoints pouvant être effectués selon la méthode du report d'impôt, le gain provenant de la vente d'une résidence si elle est désignée à titre de résidence principale (voir ci-dessous) et certains transferts de propriétés agricoles aux enfants. Les transferts entre conjoints et autres personnes sont traités au chapitre 4.

Intérêts déductibles

Si vous empruntez un montant d'argent et que ce montant est utilisé en vue de produire un revenu, toutes les dépenses en intérêts sont déductibles du revenu, sous réserve de certaines exceptions. Produire un revenu ne signifie pas nécessairement que vous devez en retirer un bénéfice immédiat. Il suffit simplement d'espérer réaliser un bénéfice dans une mesure raisonnable. En outre, le fait de subir une perte n'entrave en rien la déductibilité des dépenses en intérêts. Toutefois, le fisc peut refuser la tranche des dépenses en intérêts qui dépasse le rendement de votre placement si, au moment de l'emprunt, il était raisonnablement prévisible que le taux d'intérêt excéderait celui du rendement.

Avant 1994, les dépenses en intérêts étaient déductibles seulement si vous déteniez le placement tout au long de la période durant laquelle les fonds avaient été empruntés. Par exemple, si vous empruntiez 1 000 $ afin d'acheter des actions et que vous les vendiez deux mois plus tard, l'intérêt touchant la période suivant la cession des actions n'était pas déductible. Par contre, si vous vendiez les actions 400 $ et achetiez d'autres titres immédiatement après pour la même somme, une tranche des intérêts (400 $/1 000 $) était alors déductible. En revanche, vous ne pouviez déduire la tranche des intérêts touchant la perte matérialisée sur la vente des actions. Depuis 1994 cependant, des règles spéciales permettent la déduction des intérêts, après la vente des biens, sur la tranche de l'emprunt représentée par la perte.

Il ne vous est jamais permis de déduire l'intérêt sur les emprunts destinés à des dépenses personnelles, comme l'intérêt hypothécaire sur votre maison ou l'intérêt sur des fonds empruntés pour payer les coûts de vos vacances. Ainsi, vous devez viser à n'emprunter que pour effectuer des placements pour exploiter une entreprise et régler vos dépenses personnelles à même vos économies. Cependant, vous pouvez déduire l'intérêt lorsque vous avez donné

> Vous devez viser à n'emprunter que pour effectuer des placements ou pour exploiter une entreprise et régler vos dépenses personnelles à même vos économies. Cependant, vous pouvez déduire l'intérêt lorsque vous avez donné un bien personnel en nantissement, comme votre maison, pour obtenir un prêt en vue de financer un placement.

un bien personnel en nantissement, comme votre maison, pour obtenir un prêt en vue de financer un placement.

Résidence principale

Le gain réalisé sur la vente de votre résidence n'est pas imposable si vous respectez les règles de l'exemption concernant la résidence principale. À noter que la propriété d'une seule résidence peut être désignée relativement à une année donnée. Cette désignation ne peut porter que sur les années où vous êtes résident du Canada. De plus, en ce qui concerne les années d'imposition ultérieures à 1981, une seule résidence principale est permise par famille, et non par personne comme c'était le cas avant 1982.

Un logement désigne une maison, un appartement dans une habitation en copropriété, une maison mobile, une roulotte, une maison flottante ou une participation dans une coopérative d'habitation constituée en corporation. Vous pouvez posséder ces biens à part entière ou conjointement avec une ou plusieurs personnes. En outre, il n'est pas nécessaire que ce bien soit situé au Canada. (Au moment de sa vente, vous serez peut-être assujetti à l'impôt du pays dans lequel ce bien est situé.)

Pour que le logement soit admissible à titre de résidence principale, vous-même, votre conjoint ou l'un de vos enfants doit y « habiter normalement » dans l'année de la désignation. Il s'agit habituellement du domicile familial, mais la résidence qui n'est occupée qu'une partie de l'année, comme un chalet d'été, est également admissible. Si vous possédez plus d'une résidence familiale, il peut être difficile de décider laquelle sera désignée à titre de résidence principale et pour combien de temps. Vous devez songer à consulter un spécialiste avant de conclure la vente.

Règles ultérieures à 1981 concernant la résidence principale. Depuis 1982, une famille ne peut désigner qu'un seul logement à titre de résidence principale au cours d'une année. En d'autres mots, les conjoints qui possèdent chacun une résidence sont, depuis le 1er janvier 1982, soumis à l'impôt relativement à une partie ou à la totalité du gain en capital cumulé relativement à l'un des logements. Un tel gain demeure admissible à l'exemption de 100 000 $ et au choix spécial que vous pouvez exercer dans votre déclaration de revenus 1994, pour ce qui est des gains accumulés jusqu'au 29 février 1992. Par famille, on entend les conjoints mariés tout au long de l'année et qui n'ont pas vécu séparés l'un de l'autre toute l'année de même que leurs enfants célibataires de moins de 18 ans.

Si deux personnes se sont mariées après 1981 et que chacun des conjoints possédait une résidence, les deux logements sont admissibles à titre de résidence principale relativement à l'année du mariage et aux années antérieures pour chacun des conjoints, mais une seule résidence peut être admissible à l'exemption par la suite. Il est à noter que, depuis 1993, les conjoints de fait ont droit au même traitement que les couples mariés.

Calcul de la fraction imposable. Le gain en capital réalisé sur votre résidence principale est imposable pour la période où elle n'a pas été désignée comme telle. La fraction imposable du gain est déterminée en soustrayant la fraction de gain exemptée de l'impôt du gain total. Le solde, s'il y a lieu, est assujetti aux règles habituelles concernant un gain en capital (les trois quarts sont inclus dans le revenu mais il est également admissible à l'exemption à vie pour les gains en capital par l'entremise d'un choix effectué dans votre déclaration de revenus 1994).

La fraction de gain exemptée est établie d'après le nombre d'années où le bien est désigné à titre de résidence principale en regard du nombre d'années de propriété. Les règles précises régissant ce calcul sont techniques. Toutefois, s'il vous est possible de désigner le bien à titre de résidence principale pendant toute la période où vous en étiez le propriétaire, ou toutes les années à l'exception d'une, la totalité du gain est généralement exemptée.

Des règles transitoires spéciales s'appliquent lorsqu'une résidence détenue le 31 décembre 1981 est vendue après cette date. En vertu de ces règles, la fraction imposable du gain correspond au moindre de deux montants, tous deux calculés de la façon indiquée ci-dessus. Selon le premier calcul (la méthode normale), l'ensemble des années où l'on détient un bien ne constitue qu'une période alors que, selon l'autre calcul, on divise ces années en deux périodes, soit celle qui précède 1982 et celle qui suit 1981. Pour être en mesure d'effectuer ce dernier calcul, il convient de déterminer la juste valeur marchande du bien au 31 décembre 1981.

Désignation à titre de résidence principale. Si vous aliénez au cours de l'année un bien que vous voulez réclamer à titre de résidence principale et si une fraction du gain est soumise à l'impôt, vous devez présenter un formulaire prescrit avec votre déclaration de revenus dans lequel vous désignez le bien en question à titre de résidence principale pour le nombre d'années choisi. Aucun formulaire n'est requis si le gain est entièrement exempt d'impôt.

Planification. Si vous possédez déjà une deuxième résidence ou si vous avez l'intention d'en acquérir une, vous devez établir la liste de tous les coûts en capital qui s'y rapportent, tels que le creusage d'une piscine, la finition du sous-sol ou l'ajout d'une pièce. Sinon, il est possible que vous ayez à calculer tout gain subséquent en vous servant du prix d'achat initial comme prix de base du bien, lequel prix pourrait être nettement inférieur à votre investissement réel.

De plus, si la famille ne possède qu'une seule résidence, vous pouvez transférer le titre de propriété de la résidence à votre conjoint si son revenu est inférieur au vôtre. (Voir le chapitre 4 intitulé « Fractionnement du revenu ».)

Vendre ou ne pas vendre. Vous pouvez songer à conserver votre résidence si vous partez pour un temps défini ou non. Pendant votre absence, vous pouvez louer votre maison tout en conservant la possibilité de la désigner comme résidence principale relativement aux années où vous y avez vécu et, sous réserve de certaines conditions, jusqu'à quatre années par la suite. De plus, pendant les années de location de la maison, vous pouvez déduire divers frais. Si vous vendez cette maison plutôt que d'y retourner, le gain cumulé au cours des années où la maison était désignée comme résidence principale sera exempt d'impôt. Le gain cumulé au cours des années où la résidence était louée pourrait ne pas être imposable si la période de location de la maison est inférieure à cinq ans.

Des règles spéciales prolongeront la durée maximale de quatre ans dont il est question précédemment si la maison n'est pas occupée par suite d'une décision de votre employeur (ou de celui de votre conjoint) de vous réinstaller. Certaines conditions doivent être remplies afin de se prévaloir d'une prolongation.

D'autres règles spéciales s'appliquent lorsqu'une maison est achetée à titre de résidence principale et sert ensuite à produire un revenu de location ou un revenu d'entreprise de façon permanente (ou l'inverse). Ces règles permettent de reporter l'imposition sur le gain en capital jusqu'à ce que la maison soit vendue.

Frais de location

Lorsque vous détenez un bien de placement et tirez un revenu de location, vous pouvez déduire toutes les dépenses courantes que vous engagez à l'égard de votre bien de placement ainsi que la **déduction pour amortissement** (DPA) relativement à ce bien. Cependant, *vous ne pouvez vous prévaloir de la DPA dans le but de créer ou d'augmenter une perte à l'égard d'un bien de location.*

Les dépenses courantes comprennent les frais de publicité pour louer le bien, les frais de chauffage et d'électricité, l'impôt foncier, la taxe d'eau, le coût de l'assurance, les frais de la main-d'œuvre et les matériaux pour les réparations et l'entretien. Les dépenses en immobilisations, comme les rénovations d'envergure, ne sont pas déductibles ; par contre, ces dépenses peuvent habituellement s'ajouter au coût en capital du bien de location et ensuite être réclamées de façon échelonnée au titre de la DPA.

Lorsque vous louez une partie de votre résidence principale, vous pouvez bénéficier des mêmes règles à l'égard des dépenses courantes. Les dépenses qui sont en totalité attribuables à la location peuvent être entièrement déductibles. Les frais généraux, tels que les frais de chauffage et d'électricité ainsi que les impôts fonciers, doivent être établis proportionnellement, de sorte que seule la partie des frais qui a trait à la location d'une partie de la résidence principale soit déduite du revenu de location. *Vous pouvez réclamer la DPA à l'égard de la partie de la maison qui est louée. Cependant, vous ne voudrez peut-être pas vous prévaloir de cette déduction, car vous diminuerez votre exemption pour résidence principale et vous serez assujetti à l'impôt quant au gain que vous réaliserez lors de la vente ultérieure de la maison.* Si vous désignez votre maison comme résidence principale pour les années durant lesquelles vous ne l'avez pas occupée, vous ne pouvez pas demander d'amortissement à l'égard de la maison pour les années en question.

AUTRES REVENUS

Le revenu qui ne provient pas d'un emploi, d'une entreprise ou de biens est probablement imposable. Si vous avez le moindre doute au sujet de l'imposition d'un élément particulier, il serait préférable que vous consultiez un spécialiste.

Pensions alimentaires et allocations indemnitaires

Si vous êtes divorcé ou séparé, vous recevez (ou payez) peut-être des montants en vertu d'une entente de pension alimentaire ou d'allocation indemnitaire. En règle générale, de tels paiements doivent être inclus dans votre revenu imposable dans l'année où ils sont reçus (et déductibles, pour la personne qui les verse, dans la même année). Si le paiement constitue un revenu imposable, il s'agit aussi d'une déduction admissible pour l'autre personne. Si le revenu n'est pas imposable, le paiement n'est pas déductible.

En mai 1994, la cour d'appel fédérale a rendu une décision dans l'affaire Thibaudeau selon laquelle les pensions alimentaires reçues ne sont pas incluses dans le revenu de l'ex-conjoint qui les reçoit lorsqu'elles sont versées pour subvenir aux besoins des enfants plutôt qu'aux besoins de cet ex-conjoint. Toutefois, la position du payeur n'a pas été abordée dans cette affaire qui a été portée en appel et a été entendue par la Cour suprême du Canada. La Cour suprême n'a pas encore rendu son verdict. Si la décision de l'instance inférieure est maintenue, il est fort possible que la loi soit amendée, le payeur se voyant ainsi refuser le droit à la déduction.

Si vous avez reçu une pension alimentaire en 1993 et l'avez incluse dans votre revenu, vous devriez envisager de déposer un avis d'opposition d'ici le 30 avril 1995.

Si vous avez reçu une pension alimentaire en 1993 et l'avez incluse dans votre revenu, vous devriez envisager de déposer un avis d'opposition d'ici le 30 avril 1995.

Les parties visées par une entente doivent vivre séparément en vertu d'une séparation judiciaire ou d'un accord écrit de séparation, à compter du moment où le paiement est effectué jusqu'à la

> Pour être admissibles à titre de pension alimentaire ou d'allocation indemnitaire, les paiements doivent:
>
> ■ être périodiques;
>
> ■ découler d'un arrêt, d'une ordonnance ou d'une entente écrite;
>
> ■ être effectués pour subvenir aux besoins du bénéficiaire ou des enfants.

fin de l'année. Les pensions alimentaires ou allocations indemnitaires comportent un bon nombre de difficultés, notamment celle de déterminer si les paiements sont périodiques ou s'ils pourraient être considérés comme des versements effectués à l'égard d'une somme forfaitaire. L'admissibilité des paiements versés à des tiers, par exemple au détenteur d'une hypothèque sur la maison, constitue une autre difficulté. À noter que les paiements supplémentaires volontaires qui ne font pas partie de l'entente ne sont pas admissibles. Il est prudent de faire appel à des conseillers juridiques et fiscaux compétents en matière d'entente de séparation ou de divorce.

Les ententes assorties de pensions alimentaires ou d'allocations indemnitaires se traduisent souvent par un déplacement de revenu d'un particulier dont le revenu est élevé à un autre dont le revenu est moins élevé. Par conséquent, il en résulte des avantages fiscaux parce que le particulier dont le revenu est élevé obtient une déduction d'impôt plus grande que l'augmentation d'impôt de celui qui bénéficie du paiement. Compte tenu du déplacement du revenu que ces paiements entraînent, beaucoup d'ententes de séparation ou de divorce sont négociées en fonction de chiffres après impôt.

Rentes

Une rente correspond à une entente de paiements périodiques durant un temps précis. Elle peut être achetée avec des dollars versés avant ou après impôt. À titre d'exemple, vous achetez une rente avec des dollars avant impôt lorsque vous investissez les fonds d'un REER dans un contrat de rente. Par contre, si vous achetez simplement un contrat de rente avec vos économies, vous achetez alors une rente avec des dollars après impôt.

Lorsque vous encaissez une rente provenant d'un contrat acheté par l'entremise d'un régime ou d'un fonds exempt d'impôt, le plein montant de la rente doit être inclus dans votre revenu imposable pour l'année de l'encaissement. Les exemples les plus courants de tels paiements de rente comprennent les montants que vous recevez de régimes de retraite, de votre REER, etc.

Si vous avez acquis une rente à l'aide de vos fonds déjà imposés plutôt que par l'entremise d'un régime exempt d'impôt, une partie de chaque paiement effectué en vertu du contrat peut être exclue de votre revenu imposable. Cette partie correspond à votre investissement initial dans le contrat, lequel a déjà été imposé.

Dons et héritages

Un don ou un héritage ne constitue pas un revenu imposable pour le bénéficiaire. Le cédant est considéré, sauf dans certains cas comme celui du transfert au conjoint, avoir vendu son bien à la juste valeur marchande à la date du transfert. Par conséquent, le cédant verra le gain accumulé inclus dans son revenu tandis que le bénéficiaire sera considéré comme ayant acquis le bien à la juste valeur marchande à la date du transfert.

Gains de loterie ou de paris, prix et autres récompenses

Les gains provenant d'activités qui offrent la possibilité de gagner un prix ne sont pas inclus dans le revenu si cette possibilité n'est que le résultat du hasard (par exemple, les jeux de loterie et les paris). Les prix ayant trait à votre emploi sont toutefois susceptibles d'être considérés comme des récompenses pour services rendus et, par conséquent, d'être imposables à titre de revenu d'emploi.

Autres déductions

En général, les dépenses personnelles ne sont pas déductibles aux fins fiscales. Toutefois, vous pouvez réclamer la déduction de certains frais à caractère financier, tels que les honoraires versés à un conseiller en placement, les frais pour un coffret de sûreté et les frais reliés à un REER autogéré.

Frais de garde d'enfants

Un contribuable peut se prévaloir de la déduction jusqu'à concurrence de 3 000 $ par enfant n'ayant pas atteint l'âge de 14 ans au cours de l'année. Le montant de la déduction est haussé à 5 000 $ par enfant pour les enfants gravement handicapés et pour les enfants âgés de moins de sept ans à la fin de l'année. **Au fédéral, la déduction est restreinte aux deux tiers du revenu gagné et seul le conjoint ayant le revenu le moins élevé peut se prévaloir de cette déduction. Par contre, aux fins de l'impôt du Québec, l'un ou l'autre des conjoints peut se prévaloir de la déduction et celle-ci est restreinte au plein montant du revenu gagné du conjoint ayant le revenu le moins élevé.**

Report
du revenu

Il est encore possible de déclarer les revenus d'intérêts
des placements acquis avant 1990 tous les trois ans.

Avez-vous investi dans des régimes de revenu différé,
tels un REER et un régime de pension ?

Avez-vous reçu une allocation de retraite ?

Toute rémunération gagnée par un employé
devrait être versée avant le 180e jour qui suit de la fin de l'année
afin d'être déductible dans l'année par l'employeur.

Les prêts aux actionnaires ont-ils été remboursés
à la fin de l'année suivante ?

Attention aux méthodes d'échelonnement
de la rémunération.

L 'appellation « revenu reporté » désigne le revenu qui, aux fins fiscales, figurera sur les déclarations de revenus d'années subséquentes. L'avantage d'un report du revenu réside dans le fait que le paiement des impôts qui en découlent est lui aussi retardé. Et l'impôt reporté n'est-il pas de l'impôt économisé ? Par exemple, si vous reportez d'un an le paiement d'impôts de 1 000 $ et que vous en retirez un intérêt de 5 % au cours de la même année, vous avez réalisé une économie de 50 $ (moins, naturellement, tout impôt à payer sur ces 50 $).

Depuis quelques années, les possibilités de report du revenu ont été sensiblement diminuées, notamment en ce qui a trait au revenu d'intérêt qui doit désormais être imposé annuellement, et ce, même s'il n'est pas encaissé. Ces règles s'appliquent à tous les contribuables, y compris les particuliers et les fiducies dont les bénéficiaires sont des particuliers. Cependant, le revenu gagné par l'intermédiaire des régimes de revenu différé n'est pas touché par ces règles, notamment les régimes enregistrés d'épargne-retraite, les régimes de participation différée aux bénéfices et les régimes de pension agréés.

Règles de déclaration du revenu d'intérêt couru à tous les trois ans

Les règles de déclaration du revenu d'intérêt couru à tous les trois ans ne s'appliquent qu'aux placements effectués avant 1990. Elles visent tous les titres d'emprunt, sauf les obligations et les débentures à intérêt conditionnel, les ententes d'échelonnement du traitement, les obligations pour la petite entreprise (OPE) et les obligations pour le développement de la petite entreprise (ODPE).

Si vous détenez un titre soumis aux règles de déclaration du revenu à tous les trois ans, vous devez incorporer dans votre revenu, à chaque troisième anniversaire du titre, les intérêts courus qui n'ont jamais fait l'objet d'une inclusion.

Le troisième anniversaire tombe le 31 décembre de la troisième année civile ultérieure à l'émission du titre et, par la suite, il revient tous les trois ans. Dans le cas des titres acquis avant 1982, on présume qu'ils ont été émis le 31 décembre 1988 et le « second » troisième anniversaire a eu lieu en 1994.

Au moment de produire votre déclaration de revenus, vous pouvez choisir d'inclure dans votre revenu les intérêts courus jusqu'à la fin de l'année sur un titre d'emprunt qui n'avait pas fait l'objet d'une inclusion auparavant. Si vous procédez ainsi une fois, il faudra, à l'égard de ce titre, faire de même chaque année, tant que vous détiendrez le titre. Mieux vaut calculer avant d'agir. Si vous détenez encore des placements admissibles aux règles de déclaration à tous les trois ans et si l'utilisation de ces règles fait passer votre revenu à une tranche d'imposition supérieure, il serait peut être avantageux pour vous de déclarer ce revenu chaque année au lieu d'appliquer les règles du troisième anniversaire. Cette solution est valable si elle vous permet de demeurer au taux fédéral d'imposition de 17 % au lieu de vous faire passer à 26 % ou à 29 %. Mais au moment de faire ce choix, n'oubliez pas d'évaluer l'économie fiscale par rapport au fait que vous paierez d'avance une partie de vos impôts au cours des années ultérieures.

Mieux vaut calculer avant d'agir. Si vous détenez encore des placements admissibles aux règles de déclaration à tous les trois ans et si l'utilisation de ces règles fait passer votre revenu à une tranche d'imposition supérieure, il serait peut être avantageux pour vous de déclarer ce revenu chaque année au lieu d'appliquer les règles du troisième anniversaire. Cette solution est valable si elle vous permet de demeurer au taux fédéral d'imposition de 17 % au lieu de vous faire passer à 26 % ou à 29 %. Mais au moment de faire ce choix, n'oubliez pas d'évaluer l'économie fiscale par rapport au fait que vous paierez d'avance une partie de vos impôts au cours des années ultérieures.

Les règles de déclaration des intérêts s'appliquent aussi au particulier qui possède une police d'assurance sur la vie ou un contrat de rente. Par contre, elles ne s'appliquent pas dans le cas de « polices exemptées » ni dans celui de la plupart des polices et contrats acquis avant le 2 décembre 1982. Certains contrats de rente prescrits échappent aussi aux règles de déclaration du revenu d'intérêts.

Les intérêts d'un « titre d'emprunt prescrit » s'accumulent de la manière prescrite par les règlements. Les titres d'emprunt prescrits comprennent les obligations à coupon zéro, les obligations détenues sans les coupons d'intérêt connexes, ainsi que les coupons détachés de ces obligations.

Règles de déclaration annuelle du revenu couru

Pour les genres de placements décrits ci-dessus, les règles de déclaration du revenu à tous les trois ans ont été remplacées par des règles prévoyant la déclaration annuelle des revenus courus. Ces règles s'appliquent à tous les contribuables ayant acquis de tels placements après 1989. Ces placements sont réputés acquis après 1989 si, à compter de 1990, la date d'échéance du placement est reportée ou si le placement subit une modification appréciable.

À la date du premier anniversaire du placement soumis à ces règles, le détenteur doit inclure dans son revenu le montant d'intérêt couru après le 31 décembre 1989 qui n'a pas déjà été inclus dans son revenu. Le premier anniversaire correspond au jour qui tombe un an après le jour précédant immédiatement la date d'émission du placement.

Les émetteurs de placements soumis à ces règles, comme la Banque du Canada, doivent fournir aux détenteurs des feuillets de renseignements indiquant le montant des intérêts courus à chaque date anniversaire du placement.

Planification relative aux règles de déclaration du revenu couru

Avant d'investir dans des valeurs ou des rentes à revenus reportés, vous devez bien sûr tirer parti au maximum des régimes de revenus différés qui ne vous obligent pas à déclarer annuellement vos revenus courus, tels que les régimes enregistrés d'épargne-retraite (REER) et les régimes de pension agréés (RPA).

Le produit de ces régimes n'est pas imposé tant qu'on n'en retire pas les fonds. Les cotisations sont généralement déductibles des revenus de l'année en cours et le versement des prestations peut être retardé jusqu'au moment de la retraite. Comme un tel report est effectué à long terme, il est généralement bénéfique peu importe votre taux d'imposition marginal lorsque vous retirerez les fonds des régimes.

Par exemple, présumons que vous avez la possibilité de cotiser 5 000 $ dans un REER produisant un revenu de retraite que vous commencerez à toucher dans 20 ans. Votre taux d'imposition marginal est actuellement de 40 % et on prévoit, dans le tableau ci-dessous, qu'il sera de 30 % ou de 40 % dans 20 ans. Pour simplifier nos calculs, nous présumons que vous retirerez, la vingtième année, le plein montant du REER et que vous paierez l'impôt sur ce montant au cours de cette même année, ce qui ne devrait pas se produire dans la réalité. Le REER porte intérêt à un taux de 5 % pendant 20 ans.

Taux d'imposition marginal	Montant disponible après impôt
30 %	9 287 $
40 %	7 960 $

Si vous n'aviez pas versé de cotisation à un REER et payé 40 % d'impôt sur les 5 000 $, il vous resterait 3 000 $ à investir. En supposant que votre rendement annuel après impôt s'élève à 3 % (compte tenu de l'impôt à 40 % sur des gains de 5 %), vous

55

accumuleriez 5 418 $ en 20 ans, soit 2 542 $ de moins que si vous aviez cotisé à un REER et payé 40 % d'impôt après 20 ans.

Il en est ainsi parce que les montants investis dans un REER avant impôt portent intérêt en franchise d'impôt tandis que les revenus après impôt non inclus dans un REER sont imposés chaque année, ce qui laisse un montant moindre à réinvestir. De plus, grâce au montant cumulé dans votre REER, vous serez en mesure d'acquitter plus tard vos impôts avec des dollars de moindre valeur en raison de l'inflation.

Pour obtenir une analyse plus détaillée des règles de l'épargne-retraite relatives aux REER, veuillez consulter le chapitre intitulé « Épargner pour la retraite ».

Il est également possible de procéder à un report grâce à l'acquisition d'immobilisations. Les règles de déclaration du revenu couru ne s'appliquent pas aux gains en capital non matérialisés. Les actions privilégiées à rendement élevé peuvent très bien servir à ces fins puisqu'elles offrent un dividende intéressant et, éventuellement, des gains en capital. Détenir des immobilisations offre un avantage additionnel s'il s'agit de biens agricoles admissibles et d'actions de sociétés exploitant une petite entreprise qui sont encore admissibles à l'exemption à vie de 500 000 $ sur les gains en capital.

Allocation de retraite

D'une certaine façon, l'allocation de retraite peut constituer un mode de report du revenu. Il ne doit toutefois pas s'agir d'une rémunération différée, ce qui serait le cas, par exemple, lorsqu'un employé accepte un salaire peu élevé en contrepartie d'une allocation « dite de retraite » généreuse.

On appelle allocation de retraite le montant (autre qu'une prestation de retraite ou un montant touché à la suite de la mort de l'employé) qu'un employeur verse à un employé lors de sa mise à la retraite, en récompense de ses longues années de service. La somme versée à un particulier pour l'inciter à prendre une retraite anticipée peut également être considérée comme une allocation de retraite.

On applique aussi ce terme à tout montant remis au contribuable à la suite de la perte de son emploi, qu'il s'agisse ou non

Bien que le plein montant de ces indemnités soit imposable, il est possible d'en reporter l'impôt en transférant les montants admissibles dans un REER.

d'une indemnité de licenciement ou de dommages-intérêts relatifs à la perte d'un emploi. Bien que le plein montant de ces indemnités soit imposable, il est possible d'en reporter l'impôt en transférant les montants admissibles dans un REER.

Au décès du contribuable, une allocation de retraite est parfois versée à une personne à charge ou à un parent, ou encore à la succession. L'impôt peut alors être reporté en transférant un montant admissible dans le REER du bénéficiaire.

Le montant maximal d'une allocation de retraite qui peut être transféré en franchise d'impôt à un RPA ou à un REER est de 3 500 $ pour chaque année d'emploi. Si l'employé cotisait à un régime de retraite ou à un régime de participation différée aux bénéfices (RPDB) de l'employeur, le montant maximal est alors limité à 2 000 $ par année pour laquelle la cotisation de l'employeur au régime est acquise à l'employé. Dans tous les cas, de tels transferts à un REER sont limités à 2 000 $ par année d'emploi postérieure à 1988.

Tout montant d'allocation de retraite non transféré dans un RPA ou un REER doit être ajouté aux revenus de l'année durant laquelle il est touché. Il est alors assujetti à l'impôt au taux marginal du contribuable. Si votre allocation de retraite est considérable par rapport aux autres sources de revenu et si vous la transférez dans un REER, l'impôt minimum de remplacement peut s'appliquer. Si un montant d'impôt minimum est versé, il peut être récupéré au cours des sept années suivantes, selon le niveau de revenu du particulier et en tenant compte des déductions réclamées au cours de ces années.

N'oubliez pas qu'une allocation de retraite ne peut être transférée dans le REER du conjoint.

Vous pouvez faire en sorte que votre employeur transfère directement les montants admissibles dans votre REER; dans ce cas, aucun montant d'impôt n'est retenu à la source. Si vous recevez le montant directement de votre employeur et que vous faites ensuite le transfert, votre employeur doit retenir le montant d'impôt approprié et vous pouvez ensuite en tenir compte dans votre déclaration de revenus, ce qui peut donner lieu à un remboursement.

> Vous pouvez faire en sorte que votre employeur transfère directement les montants admissibles dans votre REER ; dans ce cas, aucun montant d'impôt n'est retenu à la source. Si vous recevez le montant directement de votre employeur et que vous faites ensuite le transfert, votre employeur doit retenir le montant d'impôt approprié et vous pouvez ensuite en tenir compte dans votre déclaration de revenus, ce qui peut donner lieu à un remboursement.

Cotisations à un régime de participation différée aux bénéfices (RPDB)

Votre employeur peut verser pour vous les cotisations déductibles à un RPDB. Les cotisations maximales de l'employeur en 1994 correspondent au moindre de 18 % de la rémunération de l'employé ou de 7 250 $ moins toute cotisation versée par l'employeur à un RPA au nom de l'employé. Pour l'année 1995, le total de la cotisation patronale sera plafonné au moindre de 18 % de la rémunération de l'employé ou de 7 750 $.

Le montant maximal de 7 750 $ sera indexé en fonction de l'augmentation du salaire moyen à compter de 1996. Les RPDB doivent stipuler que la cotisation patronale est proportionnelle aux bénéfices de la société. Toutefois, de son côté, l'employeur n'est pas tenu de cotiser au cours d'une année pendant laquelle la société a subi une perte. De plus, il faut savoir qu'un RPDB ne permet aucune cotisation au titre des services passés ni de cotisation de la part des employés.

Produit d'un RPDB

Les montants reçus par l'intermédiaire d'un RPDB doivent être inclus dans le revenu, sauf en ce qui concerne les montants en capital versés par l'employé durant les années où la loi le permettait. La plupart des régimes permettent au contribuable d'échelonner les paiements imposables sur une période maximale de 10 ans ou d'acheter, avant l'âge de 71 ans, une rente viagère. La durée garantie de cette dernière ne doit toutefois pas dépasser 15 ans. L'employé peut retirer ses cotisations en tout temps. Le produit d'un

RPDB peut également être reporté grâce au transfert à un RPA, à un REER ou à tout autre RPDB admissible.

Rémunération non versée

Un employeur ne peut réclamer une déduction pour la rémunération gagnée par un employé pendant l'année, lorsque le montant en cause n'est pas versé avant le 180e jour qui suit la fin de l'exercice de l'employeur. Par conséquent, reporter la rémunération ne donne lieu qu'à un avantage limité. Si le délai de 179 jours n'est pas respecté, l'employeur obtient la déduction dans l'année pendant laquelle la rémunération est effectivement payée. Cette disposition s'applique qu'il y ait ou non un lien de dépendance entre l'employeur et l'employé. La rémunération n'inclut pas les indemnités de vacances ou les montants reportés en vertu d'ententes d'échelonnement du traitement.

Les règles concernant les ententes d'échelonnement du traitement (voir ci-dessous) n'ont pas de répercussions sur les montants versés dans la limite de 179 jours. Par conséquent, pour l'année pendant laquelle la rémunération est gagnée mais non versée, les employés n'ont pas à inclure cette dernière dans leur revenu aux fins d'impôt.

Entente d'échelonnement du traitement

Les règles relatives aux ententes d'échelonnement du traitement ont été introduites afin de restreindre les abus qui persistaient dans les régimes de prestations aux employés.

Une entente d'échelonnement du traitement désigne un accord conclu entre un employeur et un employé, selon lequel ce dernier reporte l'encaissement de sa rémunération à une date ultérieure à la fin de l'année. Un des principaux objets d'une telle mesure doit être de permettre à l'employé de reporter l'impôt de l'année en cours ou de l'année précédente relativement à la rémunération de ses services. La définition d'une telle entente exclut notamment les régimes de retraite enregistrés et les autres régimes enregistrés ainsi que certains autres régimes pour les employés comme les régimes collectifs d'assurance-maladie ou d'assurance-accidents, les ententes de report du traitement des athlètes professionnels, les accords servant à recueillir des fonds pour la formation des travailleurs et les ententes de congés auto-financés.

Dans certaines circonstances précises, les règles relatives aux ententes d'échelonnement du traitement ne s'appliquent pas aux régimes en vigueur le 26 février 1986.

En vertu des règles concernant les ententes d'échelonnement du traitement, un droit de recevoir des montants reportés se doit d'être comptabilisé, aux fins d'impôt, selon la méthode de la comptabilité d'exercice. Conséquemment, il doit figurer dans le revenu de l'employé pendant l'année au cours de laquelle les montants sont gagnés, même s'ils ne sont perçus qu'ultérieurement. L'employeur obtient une déduction sur ce montant pendant la même année. Par contre, les intérêts (ou tout autre montant) versés par l'employeur relativement à la rémunération reportée sont considérés comme un revenu d'emploi touché durant l'année au cours de laquelle ils sont perçus. Ils sont ainsi exclus des règles de déclaration des intérêts courus. Ces règles s'appliquent aussi lorsqu'une personne autre que l'employé est habilitée à recevoir la rémunération reportée.

Convention de retraite

Une convention de retraite comprend presque toute entente ou convention conclue après le 8 octobre 1986 selon laquelle des paiements sont versés à un dépositaire par un employeur ou un ancien employeur (ou une personne liée) d'un contribuable. Ces versements sont faits à l'égard de bénéfices qui seront fournis au contribuable (ou à d'autres personnes liées) lors de sa retraite ou au moment d'une perte de charge ou d'emploi, etc. Certaines ententes sont spécifiquement exclues de la définition de convention de retraite; il s'agit des régimes de pension agréés, des régimes de participation des employés aux bénéfices et des régimes de participation différée aux bénéfices, des régimes enregistrés d'épargne-retraite, des régimes collectifs d'assurance-maladie ou d'assurance-accidents, de certains régimes pour les athlètes professionnels et des ententes d'échelonnement du traitement.

Les contributions à une convention de retraite sont déductibles par l'employeur au moment où elles sont versées, mais elles sont assujetties (sauf pour l'impôt du Québec) à une retenue d'impôt à la source remboursable, équivalant à 50 % du montant versé.

L'impôt est remboursé lorsque des montants sont versés au bénéficiaire de la convention de retraite et deviennent imposables pour ce dernier. Le mécanisme d'impôt remboursable s'applique également à l'égard des revenus générés par les contributions effectuées en vertu de la convention de retraite. Aucun revenu provenant d'une convention de retraite n'est imposable pour le bénéficiaire avant qu'il ne l'ait effectivement reçu.

Régime de prestations aux employés

Dans les rares cas où un régime d'étalement ne correspond pas à la définition d'une entente d'échelonnement du traitement ou d'une convention de retraite, il est fort probable qu'il s'agisse d'un régime de prestations aux employés ; l'employeur ne bénéficie alors d'aucune déduction pour les montants reportés. Avant l'entrée en vigueur des règles relatives aux ententes d'échelonnement du traitement, les régimes de prestations aux employés ont servi en grande partie à reporter les salaires des employés qui travaillaient pour des employeurs non imposables, comme l'État ou une société qui subit des pertes.

En vertu d'un tel régime, une partie du salaire de l'employé est remise à un dépositaire. L'employeur n'obtient aucune déduction sur ces montants et l'employé ne paie pas d'impôt jusqu'au moment où il les touche. Le revenu de placement réalisé sur ces montants est imposé dans le cadre du régime ou inclus dans le revenu de l'employé ou de l'employeur. C'est le cas des ententes concernant les congés autofinancés, selon lesquelles un employé peut, pour une période de six ans, reporter chaque année jusqu'au tiers de son salaire annuel. Le montant reporté doit être inclus dans le revenu de l'employé aux fins d'impôt durant la septième année.

Prêts aux actionnaires

Lorsqu'une société ou une société liée consent un prêt à un actionnaire ou à une personne qui lui est liée et que le montant en cause n'est pas remboursé à la fin de l'année d'imposition suivante du prêteur, le montant du prêt doit être inclus dans le revenu du débiteur, dans l'année où le prêt lui a été accordé, ce qui peut entraîner une modification de la déclaration des revenus de l'année en cause. Lorsque le montant est inclus dans le revenu et est remboursé à une date ultérieure, il est déductible du revenu pour l'année au cours de laquelle le remboursement a lieu. Toutefois, une série de prêts et de remboursements consécutifs ne donne pas droit à un traitement de ce genre. De plus, dans l'année du remboursement, vous devriez vous assurer que votre revenu est suffisant pour absorber toute déduction relative au remboursement d'un prêt.

Il existe quatre exceptions à la règle selon laquelle le prêt doit être inclus dans le revenu :

1 Le créancier prête de l'argent dans le cadre de ses activités normales.

2 Les prêts sont consentis à des employés du créancier ou à leurs conjoints pour leur permettre d'acheter une habitation dont ils seront les occupants.

3 Les prêts sont consentis à des employés du créancier pour leur permettre d'acheter une automobile qui servira à l'exercice de leurs fonctions.

4 Les prêts sont consentis à des employés pour leur permettre d'acheter, de la société ou d'une société liée, de nouvelles actions entièrement libérées qu'ils détiendront pour leur propre bénéfice.

Cette dernière disposition ne permet pas à un employé d'acheter des actions d'un autre actionnaire ; elle prévoit plutôt que ces actions doivent être achetées directement de la société.

Dans tous les cas, des accords de bonne foi doivent être préalablement conclus concernant le remboursement des prêts dans un délai raisonnable.

Les prêts aux actionnaires entraînent habituellement l'imposition d'un avantage imposable sous forme d'intérêts réputés, comme c'est le cas pour les prêts à taux d'intérêt faible ou nul destinés aux employés (voir chapitre 2). Toutefois, l'exception concernant l'achat d'une habitation ne s'applique pas aux prêts aux actionnaires, à moins que ces derniers ne soient aussi des employés et qu'ils aient obtenu le prêt à ce titre. Les avances consenties aux actionnaires pendant l'année sur les versements de dividendes sont considérées comme des dettes assujetties aux règles concernant l'avantage imposable.

La loi qui régit la formation d'une société peut comprendre des règles ayant trait aux prêts à des employés, à des dirigeants, à des administrateurs et à des actionnaires. Par conséquent, il convient de la consulter avant d'autoriser de tels prêts.

CHAPITRE

4

Fractionnement du revenu

Diminuez l'impôt global en fractionnant votre revenu
avec les membres de votre famille :

cotisez au REER du conjoint ;

déposez les prestations pour enfants
dans les comptes en banque de vos enfants ;

faites des dons à votre conjoint ou
à vos enfants de plus de 18 ans.

Le gain en capital sur un bien transféré avant 1972
n'est pas sujet aux règles d'attribution.

Les intérêts d'un prêt entre personnes liées ont-ils été réglés
dans les 30 jours de la fin de l'année ?

Prévoyez-vous effectuer des dons ou prêts permettant
aux bénéficiaires de gagner un revenu d'entreprise ?

Avez-vous envisagé de payer l'impôt de votre conjoint
ou de lui verser un salaire ?

Transférez à vos enfants (mineurs ou majeurs)
les biens susceptibles de générer un gain en capital.

O n parle de fractionnement du revenu lorsqu'un revenu, généralement attribué intégralement à un particulier, est réparti entre ce dernier et une autre personne dont le taux d'imposition marginal est inférieur au sien, par exemple son conjoint (y compris un conjoint de fait) ou ses enfants. Si l'écart entre les taux d'imposition marginaux des deux personnes est de 20 %, l'épargne fiscale atteindra 200 $ pour chaque tranche de 1 000 $ transférée (en supposant que le transfert n'entraîne pas une hausse de la tranche d'imposition du bénéficiaire du transfert).

La Loi de l'impôt sur le revenu renferme cependant des dispositions, appelées « règles d'attribution », visant à empêcher le fractionnement du revenu. Au cours des dernières années, leur portée s'est considérablement accrue. Ces règles ont pour effet d'attribuer le revenu au particulier même si, dans les faits, une partie de ce revenu a été transférée à des tiers.

Dans ce chapitre, nous commençons par vous indiquer de quelles façons il est encore possible d'économiser de l'impôt en fractionnant vos revenus (situations où les règles d'attribution ne s'appliquent pas). Par la suite, nous verrons dans quels cas les règles d'attribution s'appliquent et où, par conséquent, le fractionnement de vos revenus n'entraîne pas de réductions d'impôt.

Comment éviter les règles d'attribution

En général, il est devenu difficile, voire impossible, de faire en sorte qu'en peu de temps un revenu important soit imposé entre les mains de votre conjoint ou de vos enfants. Le fractionnement du revenu doit maintenant commencer le plus tôt possible et être fréquemment mis à jour. Dans les commentaires qui suivent, nous supposons que votre revenu est plus élevé que celui de votre conjoint et que cette situation durera.

Revenu tiré d'une entreprise

Généralement, les règles d'attribution ne s'appliquent pas au revenu d'entreprise gagné par le conjoint au moyen de sommes transférées ou prêtées. Par conséquent, si vous faites un don à votre conjoint ou à un enfant pour financer une entreprise exploitée personnellement ou une société de personnes dont il est un membre actif, aucun revenu tiré de cette entreprise ne vous sera attribué. Cependant, un gain en capital réalisé par votre conjoint sur l'aliénation de l'entreprise vous serait attribué. Il n'y a aucune attribution des gains en capital réalisés par votre enfant mineur, sauf lorsqu'il s'agit d'un bien agricole qui a fait l'objet d'un traitement fiscal privilégié. Les règles d'attribution ne devraient pas non plus s'appliquer si vous-même et votre conjoint exploitez une entreprise à titre d'associés.

Si vous prêtez ou transférez à une personne un bien qui est une participation dans une société de personnes, la quote-part de cette personne dans le revenu d'entreprise de la société de personnes peut être assimilée à un revenu tiré d'un bien (et non d'une entreprise) aux fins des règles d'attribution et, par conséquent, vous être attribuée.

Cette mesure s'applique lorsque la personne est assimilée à un membre déterminé de la société de personnes, c'est-à-dire si :

- la personne était commanditaire de la société en commandite pendant l'exercice qui a donné lieu au revenu en cause ; ou

- elle n'était pas engagée activement dans les activités de la société en commandite et elle n'exploitait pas une entreprise semblable à celle de la société (sauf à titre de membre de cette société de personnes), de façon régulière, continue et substantielle tout au long de l'exercice en cause.

À titre d'exemple, vous donnez ou prêtez 100 000 $ à votre conjoint qui utilise ce montant pour acquérir une participation dans une société en commandite. En vertu des règles d'attribution, si votre conjoint n'est qu'un investisseur passif et si sa quote-part dans le revenu de la société en commandite est de 10 000 $ en 1994, cette somme sera ajoutée à votre revenu de 1994 et non à celui de votre conjoint.

Intérêts composés

Les règles d'attribution ne signifient pas que vous devez renoncer à donner ou à prêter des fonds à votre conjoint ou à vos enfants pour leur permettre de réaliser des revenus de placement. Le fait que les intérêts sur les intérêts ne soient pas attribués peut se révéler avantageux à long terme. À titre d'exemple, si vous donnez 20 000 $ à votre conjoint et que cette somme est placée à 8 % d'intérêt par année sur 10 ans, y compris les intérêts versés chaque année et réinvestis au même taux, seuls les intérêts simples de 16 000 $ (8 % de 20 000 $ = 1 600 $, multiplié par 10 ans), vous sont attribués. Si les intérêts annuels de 1 600 $ sont réinvestis à 8 %, des intérêts composés de 7 178 $ seront réalisés au cours de la période de 10 ans et ils seront imposables pour votre conjoint et non pour vous.

En principe, l'attribution ne s'applique pas au revenu réalisé sur le revenu attribué, comme les intérêts composés, sauf lorsqu'il s'agit de dividendes en actions. Fait à souligner, bien que certains revenus ou gains soient attribués aux fins d'impôt, ces montants appartiennent légalement au conjoint ou à l'enfant mineur.

Régime enregistré d'épargne-retraite du conjoint

Étant donné les règles d'attribution, les contribuables devraient songer à établir un REER au nom du conjoint.

Étant donné les règles d'attribution, les contribuables devraient songer à établir un REER au nom du conjoint. Le chapitre 6, intitulé « Épargner pour la retraite », traite le sujet en profondeur.

En cotisant au REER de votre conjoint, vous bénéficiez de l'avantage de pouvoir fractionner vos revenus ultérieurs, puisque les règles d'attribution ne s'appliquent pas dans ce cas. Ainsi, la rente ou les prestations provenant d'un fonds enregistré de revenus de retraite (FERR) qui pourront découler du REER de votre conjoint seront imposables pour ce dernier et non pour vous.

Si vous devez retirer des fonds versés dans un REER dans un proche avenir, assurez-vous que toutes vos cotisations portées au REER de votre conjoint sont versées dans un régime distinct. En effet, toute somme retirée du REER du conjoint pourrait vous être attribuée si vous avez cotisé au REER de votre conjoint dans l'année du retrait ou dans les deux années antérieures. De plus, les cotisations portées au REER d'un conjoint appartiennent à ce dernier, ne l'oubliez pas !

Si vous cotisez au REER de votre conjoint, vous devriez verser les cotisations directement au fiduciaire et exiger un reçu, de manière à prouver, au besoin, que vous avez effectué le paiement.

Si vous cotisez au REER de votre conjoint, vous devriez verser les cotisations directement au fiduciaire et exiger un reçu, de manière à prouver, au besoin, que vous avez effectué le paiement.

Paiement de l'impôt du conjoint

Si votre revenu est supérieur à celui de votre conjoint, vous devriez songer à la possibilité de payer son impôt. Le montant en cause est alors considéré comme un don au conjoint. Il ne produit aucun revenu puisqu'il sert à payer l'impôt et, par conséquent, les règles d'attribution ne s'appliquent pas. Votre conjoint peut ainsi investir les fonds qu'il aurait autrement utilisés pour acquitter son impôt et le revenu qu'il réalise alors ne vous est pas attribué. Une telle entente ne peut se faire lorsque l'employeur du conjoint déduit les impôts à la source.

Paiement des dépenses familiales

Lorsque les conjoints réalisent tous deux des revenus, le conjoint dont le revenu est plus important peut acquitter toutes les dépenses familiales tandis que l'autre investit la totalité de son revenu. Le revenu généré par les sommes investies sera ainsi imposé à un taux moins élevé.

Lorsque les conjoints réalisent tous deux des revenus, mais que le taux d'imposition de l'un est plus élevé que celui de l'autre, le conjoint dont le revenu est plus important peut acquitter toutes les dépenses familiales tandis que l'autre investit la totalité de son revenu.

69

Le revenu généré par les sommes investies sera ainsi imposé à un taux moins élevé.

Transfert des prestations fiscales pour enfants

La façon la plus courante de créer un revenu imposable pour un enfant consiste à utiliser les prestations fiscales (anciennement, les allocations familiales) le concernant pour l'acquisition de placements qui lui appartiennent en propre, tels qu'un compte d'épargne, des obligations, des certificats de placement, etc. Aucun revenu généré par ces fonds ne vous sera attribué.

> **En investissant les prestations fiscales et les allocations familiales au nom de vos enfants, les revenus sont attribués aux enfants.**

En investissant les prestations fiscales et les allocations familiales au nom de vos enfants, les revenus sont attribués aux enfants.

Les allocations familiales qui continuent d'être versées par le gouvernement du Québec sont elles aussi non imposables et elles peuvent également être utilisées pour acquérir des placements au nom de l'enfant et générer un revenu qui n'est pas attribué au parent mais à l'enfant.

Maintien du statut de personne à charge

Si votre enfant réalise un revenu admissible, vous pouvez envisager de cotiser à un REER en son nom. Cette mesure permet de diminuer le revenu de l'enfant et peut contribuer, au même titre que les frais de scolarité et les autres déductions ou crédits d'impôt, à le classer dans la catégorie des personnes à charge, ce qui permet au parent de réclamer l'enfant à titre de personne à charge et/ou d'utiliser une partie des crédits d'impôt de l'enfant relatifs aux frais de scolarité et à l'éducation.

Salaire versé au conjoint ou à l'enfant

Vous pouvez payer un salaire à votre conjoint ou à votre enfant relativement à tout travail accompli dans une entreprise non constituée en société par actions, et déduire par la suite ce salaire de votre revenu d'entreprise. Le montant sera imposé entre les mains de votre conjoint ou de votre enfant. Le salaire ou le traitement en question doit être raisonnable par rapport aux tâches accomplies. Votre conjoint ou votre enfant sera ainsi en mesure de cotiser au Régime de pensions du Canada ou au Régime de rentes du Québec, selon le cas, de même qu'à un REER.

Conjoints associés dans une entreprise

Même si vous pouvez verser un salaire à votre conjoint, certaines raisons pourraient vous amener à prouver que l'entreprise est réellement une société de personnes, ce qui rend votre conjoint admissible à une participation aux bénéfices de la société. Cette situation est courante dans les exploitations agricoles, mais elle peut également s'appliquer à tous les autres genres d'entreprise. Il convient d'établir une convention de société de personnes en bonne et due forme qui expose en détail les arrangements concernant la répartition des bénéfices et des titres de propriété des biens de l'entreprise.

ATTENTION

Le fisc fera les changements nécessaires s'il juge que la répartition des bénéfices de la société de personnes n'est pas raisonnable.

Lorsque le capital investi par le conjoint est passablement élevé, il est en général plus avantageux de s'associer avec son conjoint dans une entreprise que de lui verser un salaire. Cette association permet à ce dernier d'avoir droit à une plus grande part des bénéfices de l'entreprise que s'il recevait simplement un salaire raisonnable pour le travail accompli.

D'autre part, si vous exploitez une entreprise secondaire offrant des possibilités de réaliser un bénéfice à moyen terme, il peut être avantageux de verser un salaire raisonnable à votre conjoint de façon à créer une perte d'entreprise dans une année donnée. Une telle solution est envisageable lorsque les pertes peuvent être déduites à l'encontre de vos autres revenus.

S'il vous est impossible de créer une société de personnes avec votre conjoint, vous devriez envisager de constituer une société par actions; votre conjoint pourrait alors acquérir des actions en se servant de ses propres fonds.

Transferts à la juste valeur marchande

Un contribuable peut choisir de transférer des biens à son conjoint et toucher une contrepartie égale à la juste valeur marchande. À certaines conditions, les règles d'attribution ne s'appliquent pas au revenu ultérieur et les gains en capital seront imposables pour le conjoint. Dans le cas d'une immobilisation, vous devez tenir compte des gains ou des pertes en capital cumulés au moment du transfert. L'année 1994 est la dernière pour laquelle un tel gain en capital est admissible à l'exemption cumulative à vie de 100 000 $ concernant les gains en capital, à condition qu'un choix ait été exercé à l'égard de l'immobilisation (voir le chapitre 7).

Lorsque le bien transféré à sa juste valeur marchande est assorti d'une perte non matérialisée, les règles concernant les pertes apparentes s'appliquent et vous ne pouvez déduire la perte en capital si le conjoint possède encore le bien 31 jours après le transfert.

Don au conjoint des frais d'intérêts

Les règles d'attribution ne s'appliquent que si les fonds transférés ou cédés au conjoint servent à réaliser un revenu de biens ou un gain en capital. Par conséquent, ces règles ne s'appliquent pas lorsqu'aucun revenu n'est réalisé sur les fonds transférés. Ainsi, lorsqu'un contribuable cède à son conjoint des fonds pour régler les intérêts sur un prêt qu'il lui a consenti, les règles d'attribution ne s'appliquent pas au montant donné ni au revenu net réalisé par le conjoint grâce aux fonds prêtés. Le prêt, fait de bonne foi, doit porter intérêt au moindre du taux prescrit et du taux commercial. Ces intérêts doivent être payés dans les 30 jours qui suivent la fin de l'année.

Le contribuable doit inclure les intérêts versés par son conjoint dans son revenu aux fins d'impôt, mais ce procédé demeure avantageux puisque le revenu de placement du conjoint augmente beaucoup plus rapidement que si ce dernier devait assumer chaque année les intérêts sur le prêt.

Fonds cédés en vue d'un effet de levier

Le revenu ou les gains en capital réalisés à l'aide de fonds empruntés par votre conjoint dans un contexte commercial, sans votre garantie, ne vous sont pas attribués. Le contribuable qui songe à emprunter pour investir peut donc transférer des fonds à son conjoint qui, lui (ou elle), s'en servira pour emprunter. Par exemple, vous pouvez donner 25 000 $ à votre conjoint qui emprunte alors 75 000 $. Ce dernier achète 100 000 $ de titres qui peuvent être donnés en nantissement auprès de l'établissement de crédit, à la place de votre garantie. Dans ce cas, seuls 25 % du revenu net ou des gains en capital réalisés (25 000 $ / 100 000 $) vous sont attribués.

Prêt au conjoint : maintien des intérêts au taux le moins élevé

Les prêts entre conjoints prévoient généralement un taux d'intérêt égal au taux prescrit (taux applicable au paiement en retard de l'impôt ou à un paiement excédentaire), lequel est habituellement inférieur au taux des prêts commerciaux. Le taux prescrit est fixé à chaque trimestre selon le rendement des bons du Trésor à 90 jours pour le premier mois du trimestre précédent. On connaît donc le taux d'un trimestre environ deux mois à l'avance. Avant de fixer le taux d'intérêt d'un prêt consenti au conjoint pour plus de trois mois, il est préférable de vérifier la tendance des taux d'intérêt pour le trimestre suivant.

> Avant de fixer le taux d'intérêt d'un prêt consenti au conjoint pour plus de trois mois, il est préférable de vérifier la tendance des taux d'intérêt pour le trimestre suivant.

On peut fixer les conditions du prêt sur une période plus longue si une augmentation plutôt qu'une diminution des taux est prévue. Dans le cas d'une baisse anticipée, on devrait maintenir le prêt à un taux variable.

Société de gestion exploitant une petite entreprise

La popularité des sociétés de gestion provient du fait que les règles d'attribution ne s'appliquent pas aux sociétés exploitant une petite entreprise. De telles sociétés sont en général établies par des professionnels, comme les médecins et les dentistes, qui ne peuvent exercer leurs activités professionnelles par l'intermédiaire d'une société par actions. La société, propriété du conjoint ou des enfants des personnes en cause, fournit des services aux professionnels qui lui versent des honoraires correspondant habituellement au coût des services plus 15 %. De tels services peuvent inclure la location du matériel et du bureau, l'embauche d'assistants, la tenue de livres, le secrétariat et autres services administratifs. Lors de la constitution d'une telle société, des conseils professionnels devraient être obtenus pour s'assurer que la société ne soit pas considérée comme une entreprise de services personnels, ce qui limiterait certaines des dépenses en plus de modifier le taux d'impôt que la société devra payer.

Une telle entreprise est considérée comme une société exploitant une petite entreprise si elle est constituée en société par actions. Les règles d'attribution ne s'appliquent pas lorsque les professionnels prêtent ou vendent des biens à une société exploitant une petite entreprise dont leur conjoint ou leurs enfants sont actionnaires. Lorsque l'entreprise de gestion n'est pas exploitée dans le cadre d'une société par actions, ce qui n'est généralement pas recommandé, les règles d'attribution ne s'appliquent pas si les biens sont transférés au conjoint et servent à réaliser un revenu d'entreprise. Compte tenu de la nature des services qui seront rendus, il est possible que les honoraires facturés soient assujettis à la TPS et à la TVQ.

ATTENTION

Certaines des suggestions qui précèdent sont audacieuses ; il se peut fort bien que le fisc n'apprécie guère que les contribuables y aient recours. Si vous songez à utiliser l'une de ces méthodes, nous vous suggérons de vous adresser à votre conseiller professionnel afin d'évaluer les problèmes éventuels. De toute façon, même si votre planification n'est plus valable d'une façon ou d'une autre, vous ne serez pas dans une situation pire qu'au départ puisque l'impôt sur les revenus et sur les gains en capital vous serait attribué.

Situations où les règles d'attribution s'appliquent

Considérons maintenant les situations où les règles d'attribution s'appliquent et, par conséquent, où il n'est pratiquement pas possible d'économiser de l'impôt.

Transferts au conjoint ou à un enfant mineur

Les règles d'attribution s'appliquent à un particulier qui prête ou cède des biens à son conjoint (ou son futur conjoint), à certaines personnes mineures ou à une fiducie en leur nom. Ces règles s'appliquent aux mineurs ayant un lien de dépendance avec le particulier (enfant, petit-enfant, frère, sœur, beau-frère, belle-sœur, etc.) de même qu'à un neveu ou à une nièce. Des règles similaires s'appliquent dans le cas d'un prêt à toute personne ayant un lien de dépendance, par exemple un enfant âgé de plus de 18 ans. Sont considérés comme des biens : des espèces, des actions, des obligations, un droit quelconque, une maison, un terrain, etc.

Le terme « transfert » a été interprété de façon très large. À titre d'exemple, il comprend un don et même une vente à la juste valeur marchande.

Lorsque les règles d'attribution s'appliquent, le revenu tiré ou la perte matérialisée des biens prêtés ou transférés (ou des biens qui s'y substituent) n'est pas considéré comme un revenu imposable du bénéficiaire du prêt ou du transfert. Il est plutôt inclus dans le revenu de l'auteur du prêt ou du transfert. Dans la plupart des cas, l'attribution correspond au gain net ou à la perte nette qui découle du bien.

Ces règles s'appliquent également aux gains et aux pertes en capital provenant de biens transférés ou prêtés au conjoint, de même qu'aux biens qui s'y substituent. Ce n'est pas le cas pour les gains et pertes en capital d'un enfant mineur (n'ayant pas atteint l'âge de 18 ans au cours de l'année d'imposition), sauf dans certains cas touchant des biens agricoles qui ont déjà bénéficié d'un traitement fiscal privilégié.

Notez que seuls les transferts effectués après 1971 sont soumis aux règles d'attribution en ce qui a trait aux gains en capital. Par conséquent, un gain en capital découlant d'un bien transféré avant 1972 n'est pas assujetti aux règles d'attribution, mais ces dernières s'appliquent à tout revenu réalisé sur ce bien, par exemple des dividendes.

Règles d'attribution et fiducie

Pour qu'il y ait attribution du revenu (ou d'une perte), le conjoint ou l'enfant mineur doit au départ disposer d'un revenu (sauf dans certains cas ayant trait à des sociétés). Ainsi, lorsque le bien est transféré à une fiducie en faveur d'enfants mineurs et que cette fiducie acquitte l'impôt sur le revenu se rattachant au bien, il n'y a pas d'attribution du revenu. Toutefois, aucun avantage n'en résulte puisqu'une fiducie entre vifs est assujettie, au fédéral, au taux d'imposition maximal applicable aux particuliers. Au Québec, l'impôt payable par une telle fiducie correspond au plus élevé de 20 % de son revenu imposable ou de l'impôt calculé selon les taux applicables aux particuliers.

Dès que le revenu de la fiducie est encaissé ou encaissable par les enfants et que, par conséquent, il constituerait un revenu pour eux, les règles d'attribution s'appliquent. Cependant, la perte nette d'une fiducie ne peut être transférée aux bénéficiaires et, par conséquent, elle ne peut jamais être attribuée.

Lorsque le revenu attribué est réalisé par une fiducie, des règles spéciales servent à déterminer quelle part du revenu d'un bénéficiaire désigné (le conjoint, un enfant mineur, une nièce ou un neveu mineur) de la fiducie doit être attribuée. L'application de ces règles entraîne des résultats différents si la totalité ou une partie seulement du revenu de la fiducie provient de biens prêtés ou transférés ou si on compte plus d'un bénéficiaire désigné.

Par exemple, si monsieur et madame Tremblay décident tous deux de verser des fonds dans une même fiducie en faveur de leur enfant mineur, le revenu de ce dernier devrait alors être attribué à la fois à monsieur et madame Tremblay, ce qui entraînerait une double imposition. Toutefois, si chaque parent crée une fiducie distincte, seul le revenu de la fiducie dont il est l'auteur lui sera attribué.

Si vous tirez parti de fiducies, vous devriez procéder à un examen de votre situation pour vous assurer de ne pas avoir à faire face à des complications fiscales.

D'autre part, le revenu attribué conserve ses caractéristiques (sauf dans le cas d'attribution touchant une société par actions). À titre d'exemple, lorsqu'un particulier prête des fonds à son conjoint qui les investit dans des actions privilégiées, les dividendes ou les gains en capital découlant de ces actions seront attribués au particulier qui les inclura dans son revenu à titre de dividendes, de gains en capital ou de pertes en capital.

Biens substitués

Les règles d'attribution s'appliquent non seulement aux biens prêtés ou transférés, mais aussi aux biens qui sont substitués à ces derniers. À titre d'exemple, lorsqu'un particulier prête des fonds à son conjoint qui les utilise pour acheter des actions privilégiées, ces actions constituent un bien substitué et les revenus qu'il génère sont assujettis aux règles d'attribution. Si les actions privilégiées sont vendues en contrepartie d'un montant qui sert à acheter des obligations, ces dernières constituent à leur tour des biens substitués et les règles d'attribution s'y appliquent.

Selon la définition d'un bien substitué, un dividende en actions reçu sur des actions est considéré comme un bien se substituant à l'action. Par conséquent, les règles d'attribution s'appliquent à tout revenu réalisé (et, dans le cas du conjoint, à tout gain réalisé) sur un dividende en actions si ce dividende a lui-même été attribué à titre de revenu découlant d'un bien prêté, transféré ou substitué.

Cessation d'attribution

Dans le cas d'un enfant mineur, l'attribution du revenu ne s'applique généralement plus lorsque l'enfant atteint 18 ans (lire la prochaine rubrique intitulée « Biens prêtés à des personnes liées »). À l'égard d'un conjoint, l'attribution cesse au moment d'un divorce, d'une séparation ou lorsque les conjoints ne vivent plus ensemble. Le conjoint ayant effectué le prêt ou le transfert doit signifier un choix à cet effet (et ce choix doit également être ratifié par la signature de l'autre conjoint) s'il ne tient pas à ce que les règles d'attribution relatives aux gains en capital s'appliquent après la rupture du mariage ou de l'union conjugale. Les règles d'attribution prennent également fin lorsque le prêteur ou l'auteur du transfert décède ou perd son statut de résident canadien.

De plus, les revenus générés par certains prêts ou transferts ne sont pas soumis aux règles d'attribution.

Les règles d'attribution ne s'appliquent pas à un **prêt** si...

1 le taux d'intérêt du prêt est raisonnable ou correspond au taux prescrit aux fins de l'impôt sur le revenu au moment où le prêt a été accordé, et

2 les intérêts de chaque année sont versés dans un délai de 30 jours après la fin de l'année.

Les règles d'attribution ne s'appliquent pas à un **transfert** lorsque trois conditions sont respectées :

1 la juste valeur marchande du bien transféré ne dépasse pas celle de la contrepartie reçue par le cédant lors du transfert,

2 lorsque la contrepartie reçue comprend des titres d'emprunt, les conditions énumérées ci-dessus relativement à un prêt exempté sont respectées,

3 le cédant choisit de ne pas appliquer les dispositions de roulement permettant le report d'impôt.

Biens prêtés à des personnes liées

Les règles d'attribution s'appliquent lorsqu'un particulier prête un bien à un autre particulier avec qui il a un lien de dépendance. Le fisc applique les règles lorsqu'il est raisonnable de croire que l'une des principales raisons du prêt vise à réduire ou à éliminer l'impôt sur le revenu applicable à ce bien (ou au bien substitué), de sorte que ce revenu figure dans le revenu de l'autre particulier.

Cette application des règles d'attribution vise les prêts entre particuliers liés par les liens du sang (ascendants et descendants), du mariage ou de l'adoption. Les parents, les conjoints et même les enfants majeurs y sont assujettis. Le transfert de la propriété d'un bien à un particulier lié n'est toutefois pas visé.

Cette mesure pourrait, à titre d'exemple, concerner un prêt à intérêt faible ou nul consenti à votre enfant majeur. Les prêts octroyés à un taux d'intérêt commercial ne sont pas visés. Cependant, si le taux d'intérêt est inférieur au taux d'intérêt prescrit aux fins de l'impôt sur le revenu (annoncé à chaque trimestre) ou au taux dont des personnes non liées auraient convenu, dans des circonstances semblables au moment de l'octroi du prêt, les règles d'attribution du revenu continuent de s'appliquer. Elles sont également en vigueur quand les intérêts du prêt ne sont pas réglés dans les 30 jours qui suivent la fin de chaque année. L'attribution ne s'applique pas si l'argent d'un prêt sert à autre chose qui n'a rien à voir avec des fins d'investissement (par exemple, le paiement de frais de scolarité).

Règles d'attribution relatives aux sociétés par actions

Ces règles s'appliquent aux prêts et aux transferts d'un particulier à une société par actions. Lorsqu'on peut raisonnablement considérer qu'un des objets principaux du prêt ou du transfert consiste à réduire le revenu du particulier et à avantager une « personne désignée », le particulier doit réaliser, au minimum, un rendement annuel prescrit sur la créance ou sur les actions obtenues lors du prêt ou du transfert de biens ; sinon, des intérêts créditeurs sont réputés attribués au particulier. Par personne désignée, on entend le conjoint ou des enfants mineurs, s'ils détiennent au moins 10 % d'une catégorie quelconque d'actions de la société.

Les règles ne s'appliquent pas aux sociétés exploitant une petite entreprise. Une telle société doit être une société privée sous contrôle canadien (SPCC) et doit exploiter principalement une entreprise active au Canada. Les SPCC qui détiennent des portefeuilles de placement ou des biens immobiliers de même que les sociétés publiques ne sont pas considérées comme des sociétés exploitant des petites entreprises.

Les règles ont une très large portée. Les commentaires suivants soulignent quelques problèmes éventuels.

▩ Dans certaines circonstances, les règles d'attribution peuvent s'appliquer lorsqu'un des actionnaires d'une société à laquelle un particulier a prêté ou transféré des biens est le conjoint de ce dernier, ou un enfant mineur, ou encore une société de personnes ou une fiducie dont le conjoint ou l'enfant mineur est membre ou bénéficiaire.

▩ Contrairement aux règles d'attribution habituelles, le conjoint ou l'enfant mineur n'a pas à recevoir un revenu pour que s'appliquent les règles d'attribution relatives aux prêts ou transferts à des sociétés.

Les règles d'attribution des sociétés ne s'appliquent pas dans le cas où les actions d'une société sont détenues dans une fiducie et qu'un particulier ne peut toucher, en vertu de la fiducie, aucun montant tiré du capital ou revenu provenant de la fiducie tant que ce particulier est une personne désignée (conjoint, enfant mineur, nièce ou neveu).

Planification successorale

Si vous avez des enfants adultes et des petits-enfants mineurs, il vous est possible de léguer des fonds par testament à une fiducie en faveur de vos petits-enfants plutôt qu'à vos enfants. Lors de votre décès, les fonds seront dévolus à la fiducie en faveur de vos petits-enfants mineurs et vos enfants en seront les fiduciaires. Les fonds ne seront pas attribués puisque les règles d'attribution cessent de s'appliquer lors du décès de l'auteur du transfert. Vos petits-enfants réaliseront alors des revenus sur les fonds légués qui seront soumis à un taux d'imposition nettement moindre que si leurs parents (vos enfants) en avaient hérité. Les parents peuvent faire en sorte que les fonds et le revenu de la fiducie servent à l'instruction de vos petits-enfants.

Transferts de biens agricoles à un enfant

À une exception près, les gains en capital doivent être comptabilisés au moment du transfert à un enfant. Le transfert d'un bien agricole effectué au cours de votre vie à un enfant, petit-enfant ou arrière-petit-enfant peut être effectué à n'importe quelle valeur se situant entre le prix de base rajusté du bien agricole et sa juste valeur marchande. L'enfant aura un prix de base équivalant à la valeur convenue lors du transfert, et tous les gains en capital résultant de toute aliénation du bien lui seront imposables. Toutefois, si l'enfant aliène le bien agricole, y compris les éléments d'actif, avant d'atteindre ses 18 ans, tout gain en capital vous sera attribué.

Un bien agricole se définit avant tout comme un bien dont la plupart des éléments d'actif sont utilisés à des fins agricoles. Le bien doit être utilisé dans une entreprise agricole par la personne qui le cède ou par sa famille, et ce, immédiatement avant le transfert ; de plus, l'enfant doit être résident canadien. Ces transferts avec report d'impôt peuvent aussi avoir lieu à l'égard d'une participation dans des sociétés de personnes agricoles admissibles ou d'actions de sociétés agricoles.

Une exemption totale de 500 000 $ concernant les gains en capital s'applique aux aliénations de biens agricoles admissibles, si vous n'avez pas déjà utilisé votre exemption cumulative de 100 000 $.

À moins de prévoir épuiser autrement votre exemption, vos enfants seront plus avantagés (c'est-à-dire qu'ils réaliseront éventuellement un gain moins important) si vous transférez le bien agricole à une valeur supérieure au prix coûtant et que vous réalisez vous-même la totalité ou une partie du gain obtenu, qui est alors exempté d'impôt en vertu de votre exemption de 500 000 $.

CHAPITRE 5

Crédits d'impôt personnels

Avez-vous réclamé les frais médicaux pour une période
de douze mois se terminant dans l'année ?

●

Le crédit d'impôt pour frais de scolarité d'une personne
à charge vous est-il transférable ?

●

Vous avez droit à un crédit d'impôt si vous avez
un revenu de pension admissible.

●

Il est avantageux qu'un seul conjoint réclame
les dons de bienfaisance.

●

Vos contributions politiques devraient parfois
être réparties sur deux ans.

Les éléments essentiels

Contrairement aux déductions fiscales, les crédits d'impôt procurent le même avantage financier à chaque contribuable qui réclame un crédit particulier étant donné que le crédit est soustrait directement de l'impôt de ce particulier. Si, par contre, le particulier n'a pas d'impôt à payer à partir duquel il devrait déduire le crédit et que ce crédit n'est pas remboursable, il perd la valeur du crédit en question.

Du point de vue de la planification fiscale, vous seriez avisé de prendre connaissance des crédits d'impôt personnels qui vous sont offerts pour en tirer le meilleur parti possible. Vous devez également connaître les différences qui existent entre les divers crédits d'impôt. À noter que les montants indiqués ci-après correspondent aux crédits accordés au niveau fédéral et qu'on doit y ajouter les crédits d'impôt relatifs aux provinces. Le régime fiscal du Québec diffère de celui des autres provinces (voir les chapitres 11 et 13). Par conséquent, les crédits globaux, qui sont indiqués ci-après, ont une valeur supérieure à celles relevant strictement de l'impôt fédéral.

Personne célibataire

Le crédit d'impôt fédéral de personne célibataire pour 1994 est de 1 098 $. Ce crédit est indexé chaque année en fonction de l'augmentation de l'indice des prix à la consommation supérieure à 3 %. À moins d'indication contraire, cette méthode d'indexation s'applique aux autres crédits décrits ci-après.

Crédit pour conjoint

Il convient tout d'abord de rappeler que, depuis 1993, les règles applicables aux couples mariés s'appliquent également aux « conjoints de fait ». En 1994, une personne peut réclamer un crédit d'impôt fédéral pour conjoint de 915 $ lorsqu'elle assure la subsistance de son conjoint et que le revenu net de celui-ci ne dépasse pas 538 $. Ce crédit est réduit de 17 % de tout revenu net gagné par le conjoint qui dépasse 538 $. Par conséquent, aucun crédit n'est offert pour un conjoint dont le revenu net est de 5 918 $ ou plus. Si vous vivez séparé de votre conjoint à la fin de l'année en raison de l'échec de votre union conjugale, toute réduction du crédit pour conjoint est calculée en fonction du revenu de votre conjoint pour la période de l'année pendant laquelle vous n'étiez pas séparés.

De plus, vous ne pouvez réclamer le crédit d'impôt pour conjoint que pour une seule personne. Si vous divorcez et vous vous remariez la même année, vous ne pourrez obtenir un double crédit d'impôt.

Crédit d'équivalent de conjoint

Un crédit d'impôt d'équivalent de conjoint est accordé à un particulier qui n'a pas de conjoint mais qui subvient aux besoins d'une personne entièrement à charge ou qui a un conjoint mais qui ne subvient pas à ses besoins et ne vit pas avec lui. Le crédit fédéral est de 915 $ en 1994, et il est réduit de 17 % du revenu de la personne à charge qui dépasse 538 $. Si le revenu de cette personne à charge est de 5 918 $ ou plus, le crédit d'équivalent de conjoint est réduit à zéro.

Pour demander le crédit, vous devez, seul ou conjointement avec d'autres personnes, tenir un établissement domestique autonome où vous vivez et subvenez aux besoins de la personne à charge. Cette dernière doit vous être apparentée, être entièrement à votre charge (ou à votre charge et à celle d'autres personnes) et résider au Canada, à moins qu'il ne s'agisse de votre enfant. Sauf dans le cas d'un parent ou d'un grand-parent, la personne à charge doit avoir moins de 18 ans à n'importe quel moment de l'année ou être à votre charge en raison d'une infirmité mentale ou physique.

Un particulier peut réclamer le crédit d'équivalent de conjoint relativement à une seule autre personne et un seul particulier peut demander le crédit pour la même personne ou le même établissement domestique autonome. Lorsque deux particuliers ou plus pourraient vraisemblablement demander le crédit pour la même personne à charge ou le même établissement domestique autonome, ils doivent convenir entre eux de la personne qui demandera le crédit. En l'absence d'une telle entente, le crédit risque fort de n'être attribué à aucun d'entre eux.

Si vous pouvez demander le crédit d'équivalent de conjoint relativement à un particulier, ni vous ni quelqu'un d'autre ne pouvez demander de crédit pour personne à charge relativement à ce même particulier.

Personnes à charge

L'expression « personne à charge » s'entend de votre enfant ou petit-enfant ou de celui de votre conjoint ou, si elle réside au Canada à un moment quelconque de l'année, d'une personne qui est par rapport à vous ou votre conjoint, un parent, un grand-parent, un frère, une sœur, un oncle, une tante, un neveu ou une nièce.

Lorsqu'une personne est à votre charge en raison d'une infirmité mentale ou physique et a plus de 18 ans à un moment quelconque de l'année, vous pouvez réclamer un crédit d'impôt pour personne à charge de 269 $ en 1994, pourvu que le revenu de cette personne à charge ne dépasse pas 2 690 $. Le crédit diminue lorsque le revenu de la personne à charge dépasse 2 690 $ et il est réduit à zéro si le revenu de cette personne est de 4 273 $ ou plus.

Si un particulier demande un crédit d'impôt pour une personne à charge en vertu du crédit d'équivalent de conjoint décrit ci-dessus, il ne peut demander pour cette même personne un crédit d'impôt pour personne à charge atteinte d'une infirmité mentale ou physique.

ATTENTION

Lorsque plus d'un particulier est en droit de demander un crédit d'impôt pour personne à charge relativement à une même personne, le total demandé par ces particuliers ne doit pas dépasser le maximum permis si un

seul particulier en faisait la demande. L'administration fiscale peut répartir le crédit d'impôt entre les particuliers qui subviennent aux besoins de la personne s'ils ne peuvent s'entendre sur une répartition.

Personne âgée de 65 ans et plus

Un contribuable qui a atteint l'âge de 65 ans avant la fin de 1994 peut avoir droit à un crédit d'impôt fédéral de 592 $. Ce crédit est de 17 % du « montant personnel de base » (actuellement de 3 482 $). Pour 1994, le montant personnel de base est réduit de 7,5 % de l'excédent du revenu net du particulier sur 25 921 $. Après 1994, la réduction sera de 15 %. Si vous ne pouvez utiliser entièrement le crédit pour personne âgée de plus de 65 ans, la totalité ou une partie de celui-ci peut être transférée à votre conjoint.

Si vous ne pouvez utiliser entièrement le crédit pour personne âgée de plus de 65 ans, la totalité ou une partie de celui-ci peut être transférée à votre conjoint.

Déficience mentale ou physique grave et prolongée

Les personnes ayant une déficience grave et prolongée qui ont obtenu une attestation d'un médecin ou d'un optométriste peuvent demander un crédit d'impôt fédéral de 720 $ en 1994. Toute fraction inutilisée du crédit peut, à certaines conditions, être transférée au conjoint du particulier ou à une autre personne dont il était à charge.

Revenu de pension

Si vous avez atteint l'âge de 65 ans avant la fin de 1994, vous pouvez demander un crédit d'impôt fédéral maximal de 170 $ relativement à votre revenu de pension, pourvu que ce revenu soit de 1 000 $ au moins. S'il est inférieur à 1 000 $, le crédit maximal correspond à 17 % de votre revenu de pension. Un crédit semblable est permis sur le « revenu de pension admissible » aux particuliers qui ont moins de 65 ans à la fin de l'année.

Si vous ne pouvez utiliser la totalité de votre crédit d'impôt pour revenu de pension, la fraction inutilisée peut être transférée à votre conjoint. Le crédit d'impôt pour revenu de pension n'est pas admissible à l'indexation.

Si vous ne pouvez utiliser la totalité de votre crédit d'impôt pour revenu de pension, la fraction inutilisée peut être transférée à votre conjoint.

Cotisations au RPC ou au RRQ et à l'assurance-chômage

Le crédit d'impôt fédéral pour cotisations au RPC ou au RRQ et pour cotisations à l'assurance-chômage représente 17 % des montants versés. Ce sont à la fois les cotisations salariales et le montant qu'un travailleur autonome verse à titre de cotisation patronale au RPC ou au RRQ qui donnent droit à ce crédit.

En 1994, les cotisations maximales à l'assurance-chômage sont de 1 743,27 $ pour les cotisations patronales et de 1 245,19 $ pour les cotisations salariales alors qu'elles sont de 806 $, tant pour les cotisations patronales et salariales, en ce qui concerne le RPC ou le RRQ.

Dons de bienfaisance

Le crédit d'impôt fédéral pour les dons de bienfaisance admissibles est de 17 % sur la première tranche de 200 $ et de 29 % sur les dons supérieurs à 200 $. Le crédit fédéral sur des dons de 1 000 $ sera donc de 287 $ en 1994 pour un particulier assujetti à la tranche d'imposition la plus élevée :

Crédit fédéral @ 17 % sur la première tranche de 200 $ de dons	34,00 $
Crédit fédéral @ 29 % sur l'excédent, soit 800 $	232,00
Total des crédits fédéraux	266,00
Réduction de la surtaxe	21,28
Réduction d'impôt fédéral	287,28 $

Pour un résident du Québec, il faut aussi tenir compte du fait qu'un don de 1 000 $ entraîne une réduction de l'abattement d'impôt fédéral de 43,89 $, soit 16,5 % de 266 $. La réduction d'impôt fédéral serait donc de 243,39 $.

Le plafond annuel applicable aux dons admissibles consentis à des organismes de bienfaisance correspond à 20 % du revenu net. De plus, **un don pour lequel aucun crédit d'impôt n'est demandé pendant une année peut être reporté prospectivement sur cinq ans.** Cependant, dans l'année du report, le taux de 17 % s'applique à la première tranche de 200 $ de tous les dons pour lesquels un crédit est demandé, incluant les dons reportés prospectivement. Il peut en résulter un crédit d'impôt moins élevé si vous n'avez pas déjà donné 200 $ au cours de cette année.

La demande d'un crédit pour des dons de 400 $ sur la déclaration de revenus d'un des conjoints (plutôt que la réclamation de 200 $ par chacun des deux conjoints) entraîne une économie d'impôt puisque la moitié du don est admissible au taux fédéral de 29 % au lieu de 17 %.

Frais médicaux

Le crédit d'impôt fédéral pour 1994 relativement aux frais médicaux est de 17 % du montant calculé en soustrayant, du total de vos frais médicaux admissibles, le moindre des deux montants suivants : 1 614 $ ou 3 % de votre revenu net de l'année. Le montant de 1 614 $ est indexé annuellement en fonction de l'augmentation de l'indice des prix à la consommation qui dépasse 3 %.

Les reçus des frais médicaux doivent être soumis au moment de la demande du crédit d'impôt, et les frais ne doivent pas avoir déjà été déduits au cours d'une année antérieure. Si le contribuable décède au cours de l'année, les frais médicaux doivent avoir été payés au cours d'une période de 24 mois comprenant le jour du décès. Dans les autres cas, ils doivent avoir été payés au cours d'une période de 12 mois se terminant dans l'année de la demande du crédit d'impôt. Il est important de bien choisir la période de 12 mois, étant donné qu'elle peut avoir une incidence sur le montant du crédit d'impôt. La *Loi de l'impôt sur le revenu* contient des dispositions détaillées sur la nature des dépenses admissibles au titre des frais médicaux.

Frais de scolarité

Le crédit d'impôt fédéral de 1994 pour frais de scolarité correspond à 17 % des frais de scolarité admissibles payés dans l'année à un établissement d'enseignement admissible pour des cours au niveau scolaire postsecondaire ou à un établissement certifié par le ministre de l'Emploi et de l'Immigration (pour des cours visant à offrir une formation professionnelle à un étudiant qui est âgé d'au moins 16 ans à la fin de l'année), pourvu que le total des frais versés dans l'année à cet établissement dépasse 100 $. Des règles spéciales permettent d'appliquer le crédit d'impôt à des frais de scolarité admissibles versés par un étudiant fréquentant à plein temps une université située à l'extérieur du Canada, ainsi qu'aux frais supérieurs à 100 $ versés par un résident du Canada qui suit des cours offerts dans un établissement d'enseignement postsecondaire situé aux États-Unis.

Le crédit pour frais de scolarité d'une année donnée est calculé en tenant compte uniquement des frais de scolarité payés à l'égard de cette année. Lorsque les frais de scolarité payés au cours d'une année donnée visent une session scolaire qui se prolonge au-delà de cette année, ils sont admissibles pour déterminer le crédit d'impôt pour l'année à laquelle ils se rapportent. Ainsi, dans le cas où les frais de scolarité couvrent la session qui commence en septembre d'une année et se termine en avril de l'année suivante, le crédit calculé pour chacune de ces années équivaut à la demie du total des frais de scolarité multipliée par 17 %.

Toute fraction inutilisée (jusqu'à concurrence de 680 $) du crédit d'impôt pour frais de scolarité et du crédit d'impôt pour études (voir ci-dessous) peut être transférée au conjoint de l'étudiant. Si le conjoint n'a pas déclaré l'étudiant à titre de personne à charge et n'a pas demandé les crédits d'impôt inutilisés de l'étudiant qui auraient pu lui être transférés, un des parents ou des grands-parents ayant l'étudiant à charge peut demander les crédits d'impôt pour études et pour frais de scolarité que l'étudiant n'a pas utilisés (jusqu'à concurrence de 680 $). Le parent ou le grand-parent en question doit alors remplir un formulaire prescrit pour faire la demande.

Études

En 1994, le crédit d'impôt fédéral pour études correspond à 13,60 $ (80 $ × 17 %) pour chaque mois de l'année pendant lequel vous étiez étudiant à plein temps dans un programme admissible offert par un établissement d'enseignement désigné. Pour demander le crédit d'impôt, vous devez produire un certificat émis par l'établissement d'enseignement.

Si vous êtes admissible au crédit d'impôt pour personnes handicapées, ou si votre médecin ou votre optométriste atteste que vous ne devriez pas poursuivre des études à temps plein en raison de votre handicap, il n'est pas nécessaire que vous soyez inscrit aux études à temps plein.

Prestations fiscales pour enfants

Les allocations familiales fédérales, le crédit d'impôt pour enfants et le crédit d'impôt non remboursable pour les enfants à charge ont été remplacés en 1993 par une seule prestation payable mensuellement, habituellement à la mère. La prestation annuelle est de 1 020 $ par enfant et elle augmente de 75 $ à partir du 3e enfant et de 213 $ par enfant âgé de moins de sept ans lorsqu'aucune déduction au titre des frais de garde n'a été demandée. Un supplément pouvant aller jusqu'à 500 $ peut également être accordé aux familles à revenu modeste. Le montant des prestations versées aux familles à revenu élevé est réduit graduellement. La prestation n'est pas assujettie à l'impôt sur le revenu et elle est indexée chaque année en fonction de la variation de l'indice des prix à la consommation supérieure à 3 %.

Contributions politiques

Un crédit d'impôt fédéral s'applique aux contributions que vous versez à un parti politique enregistré ou à un candidat officiel à une élection fédérale. Le crédit d'impôt fédéral est fondé sur le montant de votre contribution. Il est calculé selon une échelle de taux variables ; le crédit maximal permis est de 500 $, pour une année d'imposition.

Montant de la contribution	Crédit d'impôt
1 $ à 100 $	75 % de la contribution
100 $ à 550 $	75 $ plus 50 % de la contribution qui dépasse 100 $
550 $ à 1 150 $	300 $ plus le tiers de la contribution qui dépasse 550 $
Plus de 1 150 $	500 $

Des crédits d'impôt provinciaux sont aussi octroyés à l'égard des contributions politiques, sauf en Saskatchewan. Toutefois, le crédit est déduit de l'impôt provincial à payer et les contributions doivent être versées à des associations ou à des partis politiques provinciaux, ou encore à des candidats qui se présentent à une élection provinciale.

Au Québec, le crédit maximal d'impôt correspond à 50 % de la contribution n'excédant pas 280 $, soit 140 $. En Colombie-Britannique, au Manitoba, en Nouvelle-Écosse, au Nouveau-Brunswick, à l'Île-du-Prince-Édouard, à Terre-Neuve et au Yukon, le crédit d'impôt est calculé de la même manière que le crédit fédéral et est plafonné à 500 $. En Alberta et en Ontario, le crédit maximal s'élève à 750 $ et est calculé selon une échelle de taux variables, comme pour l'impôt fédéral. Dans les Territoires-du-Nord-Ouest, le crédit d'impôt correspond à 100 % de la première tranche de 100 $ et à 50 % de l'excédent de 100 $, jusqu'à concurrence d'un crédit maximum de 500 $.

Afin d'obtenir le crédit, vous devez annexer des reçus officiels à votre déclaration de revenus. Les contributions politiques doivent en général être versées en espèces ou sous forme d'effets de commerce négociables (chèques, mandats, etc.). Cependant, dans quelques provinces, elles peuvent être offertes sous forme de biens et services, dans certaines circonstances.

Les contributions de plus de 1 150 $ (280 $ au Québec, 1 725 $ en Alberta, 1 700 $ en Ontario et 900 $ dans les Territoires du

Nord-Ouest) consenties à des partis politiques au cours d'une année d'imposition ne donnent pas droit au crédit d'impôt. De plus, lorsque le crédit dépasse l'impôt fédéral ou provincial à payer, compte tenu de la déduction des autres crédits, vous ne pouvez réclamer de remboursement d'impôt ni reporter l'excédent du crédit sur une année d'imposition ultérieure.

Planification de vos contributions

Si le montant de votre contribution est élevé, il vaudrait mieux tenter de l'échelonner sur deux ans. Il est recommandé d'agir de cette façon puisque vous pouvez de la sorte bénéficier de crédits plus élevés. À titre d'exemple, si votre contribution est de 1 000 $ pour une année, vous obtenez un crédit d'impôt fédéral de 450 $. Si vous versez une contribution de 500 $ cette année et de 500 $ l'an prochain, vous avez droit à un crédit total de 550 $, ce qui représente une économie d'impôt de 100 $. Le même procédé devrait être utilisé lorsque les deux conjoints gagnent des revenus imposables, sauf que l'échelonnement sur deux ans est remplacé par un fractionnement des contributions de l'année (c'est-à-dire que chaque conjoint devrait verser 500 $ au lieu qu'un seul verse 1 000 $). Le fractionnement des contributions est avantageux puisqu'il permet d'appliquer le pourcentage maximal de crédit à des contributions moindres.

> **Quand le montant de votre contribution politique est important, il est préférable de l'échelonner sur deux ans. Si les deux conjoints gagnent des revenus imposables, ils devraient fractionner leurs contributions de l'année.**

CHAPITRE 6
Épargner pour la retraite

Avez-vous songé à utiliser le régime d'accession à la propriété ?

Avez-vous effectué la contribution maximale à votre REER ?

Faites vos contributions dans un REER tôt dans l'année
et non au début de l'année suivante.

Avez-vous bien calculé le montant de votre revenu gagné
aux fins du REER ?

Les contributions excédentaires au REER ont-elles été retirées ?

Obtenez le meilleur rendement possible de votre REER.

Avez-vous pensé à un REER autogéré pour vos placements ?

Avez-vous planifié le retrait des sommes de votre REER,
soit à l'échéance du REER, à votre retraite,
ou lors d'une échéance hâtive ?

Est-il préférable de recevoir une rente provenant du REER
ou d'investir dans un FERR ?

Si vous prévoyez quitter le Canada à votre retraite,
avez-vous planifié le retrait des sommes dans votre REER ?

Contribuez au REER de votre conjoint.

Un REER est un mode de placement dans lequel vous investissez une partie de votre revenu avant impôt tiré d'un emploi ou d'un travail indépendant, sous réserve de certaines limites fixées. Aucun impôt n'est exigible sur le revenu gagné dans le REER.

À titre de placement en vue de la retraite, les REER représentent le choix tout désigné pour la majorité des contribuables. Le REER peut également servir à épargner en vue de l'acquisition d'une résidence ou pour vous procurer les fonds nécessaires lors d'une année sabbatique. Toutefois, les fonds d'un REER ne devraient servir à ces fins qu'en dernier recours, puisqu'on va à l'encontre de la principale raison d'être du REER, c'est-à-dire la création d'un revenu de retraite suffisant.

Les sommes cumulées dans votre régime vous seront éventuellement remises sous forme de revenu de retraite et seront imposables à ce moment. À titre de placement en vue de la retraite, les REER représentent le choix tout désigné pour la majorité des contribuables. Le REER peut également servir à épargner en vue de l'acquisition d'une résidence ou pour vous procurer les fonds nécessaires lors d'une année sabbatique. Toutefois, les fonds d'un REER ne devraient servir à ces fins qu'en dernier recours, puisqu'on va à l'encontre de la principale raison d'être du REER, c'est-à-dire la création d'un revenu de retraite suffisant.

Comment tirer parti de votre REER

Les cotisations que vous versez à votre REER vous permettent de demander une déduction dans le cadre de votre déclaration de revenus ; vous épargnez ainsi l'impôt qui aurait autrement été exigible sur le montant de la cotisation. Vous disposez donc de plus d'argent pour investir dans le REER que vous en auriez eu si vous aviez payé l'impôt et investi ailleurs que dans un REER les dollars après impôts. Si vous payez immédiatement l'impôt, ce montant ne pourra plus être recouvré. Si vous versez une cotisation à votre REER, vous pouvez utiliser cet argent à titre de placement et, selon votre âge, il pourrait s'agir d'un programme de placement à très long terme. Les cotisations à votre REER vous permettent donc de payer moins d'impôt tout en épargnant en vue d'une retraite sans soucis financiers.

Plus la durée de votre placement dans le REER est longue, plus ce placement est avantageux par rapport à un autre instrument de placement. C'est pourquoi il est plus avantageux de commencer à verser des cotisations au REER le plus tôt possible en début de carrière. Vous avez intérêt à commencer tôt à verser des cotisations à votre REER ainsi qu'à verser le montant maximal permis et à le faire dès le début de l'année, car vous augmentez ainsi le capital disponible dans votre REER pour financer votre revenu de retraite. Si vous négligez de contribuer ou de maximiser vos cotisations le plus tôt possible, le montant de capital disponible sera réduit de façon appréciable et vous disposerez d'un revenu de retraite moins important pour subvenir à vos besoins.

> **Vous avez intérêt à commencer tôt à verser des cotisations à votre REER ainsi qu'à verser le montant maximal permis et à le faire dès le début de l'année, car vous augmentez ainsi le capital disponible dans votre REER pour financer votre revenu de retraite.**

En outre, plus le taux de rendement est élevé, plus il est avantageux d'investir dans un REER, car la cotisation que vous versez dans votre REER vous donne un montant à investir plus considérable que celui que vous auriez obtenu si vous aviez payé l'impôt et investi seulement les dollars après impôts.

L'énorme déficit du gouvernement fédéral a relancé les rumeurs voulant que celui-ci puisse prendre certaines

mesures, peut-être même dans son budget de 1995, pour réduire l'aide fiscale reliée aux divers véhicules d'épargne-retraite. Pour ce qui est des REER, cela pourrait signifier un abaissement des plafonds annuels de cotisations, voire un impôt sur les bénéfices réalisés au sein du régime. Les investisseurs prudents devraient donc verser leur cotisation maximale pour 1994 ou pour les années antérieures dès maintenant (s'ils ne l'ont pas déjà fait) et leur cotisation pour 1995 le plus rapidement possible en début d'année. Selon les circonstances de votre situation particulière, vous pouvez également décider de faire sans pénalité une « cotisation excédentaire » de 8 000 $.

RÈGLES DE COTISATION ET MÉCANISME DU REER

Vous pouvez verser des cotisations à votre REER chaque année. Ces cotisations sont déductibles de votre revenu aux fins d'impôt, sous réserve de limites spécifiques, au cours de l'année où elles sont versées ou d'une année subséquente. **Les cotisations versées dans les 60 premiers jours de l'année peuvent être déduites de votre revenu de l'année en question ou de l'année précédente. Depuis 1991, si les cotisations versées sont inférieures aux plafonds autorisés, les déductions inutilisées peuvent être reportées aux années subséquentes.** Tout revenu ou gain en capital réalisé dans le REER n'est pas immédiatement assujetti à l'impôt dans la mesure où le participant se conforme à certaines exigences. Soulignons que les gains en capital et les dividendes perdent leurs caractéristiques spéciales aux fins d'impôt lorsqu'ils sont réalisés dans un REER et ils sont pleinement imposés au moment du retrait. Il peut donc être souhaitable de les réaliser à l'extérieur du REER.

Soulignons que les gains en capital et les dividendes perdent leurs caractéristiques spéciales aux fins d'impôt lorsqu'ils sont réalisés dans un REER et ils sont pleinement imposés au moment du retrait. Il peut donc être souhaitable de les réaliser à l'extérieur du REER.

Qui peut verser des cotisations à un REER ?

Tout particulier qui dispose d'un « revenu gagné », selon la définition qui figure ci-dessous, peut verser des cotisations à un REER. Par contre, comme vous devez toucher un revenu de retraite de votre REER au plus tard le 31 décembre de l'année de votre 71e anniversaire, vous ne pouvez plus y verser de cotisations après ce moment. Si vous avez 71 ans ou plus, vous pouvez cependant cotiser au REER de votre conjoint, si celui-ci a moins de 71 ans. Si vous n'avez pas atteint l'âge de 71 ans, mais que vous touchez un revenu de retraite d'un REER, vous pouvez continuer à verser des cotisations à votre propre REER.

Les enfants de moins de 18 ans peuvent verser des cotisations à un REER, dans la mesure où ils disposent d'un « revenu gagné » et se conforment aux règles qui gouvernent les REER. En revanche, vous pourriez éprouver certaines difficultés à trouver un émetteur acceptant d'établir un REER avec un mineur. Certains contribuables à revenu très élevé versent des cotisations (pour lesquelles ils ne reçoivent aucune déduction) au REER de leur enfant dans le but de fractionner leur revenu avec l'enfant et de réduire le fardeau fiscal global de la famille. Selon la durée du placement des fonds dans le REER et le taux d'imposition de l'enfant au moment du retrait, l'avantage du report d'impôt peut suffire à compenser le coût fiscal résultant de l'imposition des sommes lors du retrait, même si celles-ci n'avaient procuré aucune déduction au moment du versement des cotisations. Toutefois, des pénalités fiscales s'appliquent, sauf si l'enfant a un solde de déductions inutilisées au titre d'un REER. Il n'y a pas de plafond de 8 000 $ pour « cotisations excédentaires », sauf si le titulaire du REER a atteint l'âge de 18 ans au cours d'une année précédente.

Plafonds de cotisation

Particuliers qui ne participent pas à un RPA ou à un RPDB. Le plafond de cotisation à un REER pour les particuliers qui ne participent pas à un RPA ou un RPDB est fixé à 18 % du revenu gagné de l'année précédente, sous réserve d'un plafond absolu qui est instauré graduellement comme suit :

1991	11 500 $
1992	12 500 $
1993	12 500 $
1994	13 500 $
1995	14 500 $
1996	15 500 $

Par exemple, la cotisation maximale à un REER pour 1995 correspond à 18 % du revenu gagné en 1994 jusqu'à concurrence de 14 500 $. Autrement dit, pour verser 14 500 $ à votre REER pour 1995, il vous faut un revenu gagné d'au moins 80 555 $ en 1994.

Participants à un RPDB ou à un RPA à cotisations déterminées. Dans un RPDB ou un RPA à cotisations déterminées, les cotisations et les gains accumulés sont utilisés au moment de la retraite en vue d'obtenir le meilleur revenu de pension possible. Pour les particuliers qui y participent, le plafond de cotisation à un REER s'établit à 18 % du revenu gagné de l'année précédente jusqu'à concurrence du plafond absolu de l'année, comme on le précise ci-dessus, moins un montant appelé « facteur d'équivalence » (FE). Dans ce cas, le FE représente simplement le total de toutes les cotisations de l'employé et de l'employeur versées ou réallouées au cours de l'année civile précédente à tous les RPDB et RPA à cotisations déterminées (les employés ne peuvent contribuer à un RPDB après 1990).

Supposons, par exemple, qu'en 1994 votre employeur verse 1 800 $ à votre RPA à cotisations déterminées et vous y cotisez 1 600 $. Si votre revenu gagné en 1994 se chiffre à 48 000 $, le plafond de votre cotisation à un REER pour 1995 s'établit à 8 640 $ (soit le moins élevé de 14 500 $ ou de 18 % de 48 000 $). De cette somme, vous devez déduire le FE de l'année précédente (1994), soit 3 400 $ (cotisations de 1 800 $ et 1 600 $ au RPA). Ainsi, vous aurez le droit de contribuer 5 240 $ (8 640 $ moins 3 400 $) à votre REER en 1995.

Participants à un RPA à prestations déterminées. Pour ces particuliers qui sont assurés d'un revenu de retraite précis en vertu de leur RPA, le plafond de cotisation à un REER équivaut à 18 % du revenu gagné de l'année précédente jusqu'à concurrence du plafond absolu pour l'année en cours, tel qu'exposé ci-dessus, moins un facteur d'équivalence (FE) qui tient compte de la valeur des droits à la pension en vertu du RPA à l'égard de l'année précédente.

Facteur d'équivalence

Le FE a pour objectif d'assurer que les participants à des régimes de pension (ou RPDB) ayant droit à des prestations différentes aient le même accès à l'aide fiscale pour constituer un revenu de retraite, dans la mesure où ils ont un revenu comparable. Le FE d'une année civile sert à calculer le plafond de cotisation déductible au titre d'un REER pour l'année suivante.

Les employeurs doivent calculer le FE de chaque employé et les déclarer au moment de produire les feuillets T4, au plus tard le dernier jour de février, ce qui permet aux employés de connaître leur cotisation maximale déductible à un REER pour l'année suivante. Revenu Canada avise également les contribuables de leur cotisation maximale déductible au titre d'un REER mais beaucoup plus tard dans l'année.

Revenu gagné

Votre cotisation maximale déductible au titre d'un REER est fondée sur un pourcentage de votre revenu gagné alors que vous êtes résident canadien.

Le revenu gagné englobe les éléments suivants :

■ les traitements ou salaires nets des montants déductibles à l'égard d'un tel revenu (autres que les cotisations à un RPA, les cotisations à une convention de retraite et les déductions au titre de la résidence d'un membre du clergé) ;

■ les rentes d'invalidité versées en vertu du Régime de pensions du Canada ou du Régime de rentes du Québec, à condition que vous ayez été un résident canadien lorsque vous avez reçu ces versements ;

■ les redevances sur un ouvrage ou une invention dont le contribuable est l'auteur ;

■ le revenu provenant d'une entreprise exploitée activement, seul ou comme associé ;

■ le revenu de location net, actif ou passif, provenant de biens immeubles ;

■ les sommes reçues d'un régime de prestations supplémentaires de chômage ;

■ les pensions alimentaires ou autres allocations incluses dans le revenu aux fins d'impôt (y compris celles qui sont reçues d'un conjoint de fait) ainsi que les remboursements que vous avez reçus au titre de versements de pension alimentaire ou autres allocations que vous avez effectuées ;

■ les subventions de recherche nettes ;

moins les éléments suivants :

■ les pertes provenant d'une entreprise exploitée activement, seul ou comme associé ;

■ les pertes nettes provenant de la location de biens immeubles ;

■ les paiements déductibles au titre des pensions alimentaires et autres allocations, ainsi que les remboursements que vous avez effectués au titre de pensions alimentaires ou autres allocations que vous avez reçues.

Règle du report de déductions inutilisées sur sept ans

Lorsqu'un particulier verse dans un REER un montant moindre que le maximum auquel il a droit pour une année donnée, la déduction inutilisée peut être reportée aux années ultérieures en effectuant des cotisations excédant les maximums autrement permis pour ces années. Le montant correspondant à la déduction inutilisée d'une année précédente peut être reporté intégralement et sans restriction sur les sept années suivantes. Une fois le délai de sept ans écoulé, certaines restrictions peuvent s'appliquer, mais la cotisation pouvant être versée dans un REER au titre de déductions inutilisées ne peut être inférieure à 3,5 fois le plafond à l'égard d'un REER prévu pour l'année en question.

Il semble peu avantageux de reporter votre cotisation à une année où votre taux d'imposition risque d'être plus élevé, étant donné que l'économie fiscale sera vraisemblablement neutralisée par le coût résultant de la renonciation à la déduction dans une année antérieure.

Si vous attendez vers la fin du délai pour vous prévaloir du report des déductions inutilisées, cela pourra se traduire par une charge fiscale et, dans de nombreux cas, donner lieu à une accumulation de fonds moins importante dans votre REER au moment de la retraite. De plus, il semble peu avantageux de reporter votre cotisation à une année où votre taux d'imposition risque d'être plus élevé, étant donné que l'économie fiscale sera vraisemblablement neutralisée par le coût résultant de la renonciation à la déduction dans une année antérieure.

Retraits d'un REER

Le but principal des REER est d'accumuler des fonds en vue de la retraite. La loi n'empêche cependant pas le retrait, à tout moment, des capitaux investis dans un REER. La somme retirée d'un REER est cependant incluse dans le revenu aux fins d'impôt. Lorsque le retrait porte sur l'excédent non déductible d'une cotisation à un REER, une déduction compensatoire peut être offerte. Il est possible de retirer d'un REER une somme en franchise d'impôt dans le cadre du Régime d'accession à la propriété. À ce sujet, lisez la section intitulée « Situations particulières » ci-après.

Avant 1986, tout retrait d'un REER entraînait immédiatement le désenregistrement : il fallait mettre un terme au régime entier, car on ne pouvait toucher une partie seulement des capitaux. Aujourd'hui, l'émetteur du REER exige généralement que vous l'avisiez de votre intention de retirer une partie ou la totalité des fonds du régime ; certains régimes exigent un préavis d'un mois ou deux. Un REER antérieur à 1986 devra toutefois être modifié par l'émetteur pour que le titulaire ait droit à un retrait partiel.

L'émetteur du REER est tenu de retenir l'impôt aux taux suivants (combinés fédéral et provincial) sur toute somme qui vous est versée à même un REER :

Montant	Résidents canadiens sauf les résidents du Québec	Résidents du Québec
5 000 $ ou moins	10 %	21 %
De 5 001 $ à 15 000 $	20 %	30 %
Plus de 15 000 $	30 %	35 %

Si vous comptez retirer des fonds relativement importants d'un REER ou d'un FERR, prévoyez plutôt plusieurs retraits distincts et répartissez vos retraits sur plusieurs années.

Si vous comptez retirer des fonds relativement importants d'un REER ou d'un FERR, prévoyez plutôt plusieurs retraits distincts afin de réduire le taux de retenue à la source et répartissez vos retraits sur plusieurs années afin d'éviter qu'une partie des fonds soit imposée à un taux d'impôt plus élevé. Notez qu'une retenue est obligatoire sur la tranche de tout versement d'un FERR qui excède le minimum annuel à être versé à même le FERR.

Le REER du conjoint

Vous pouvez verser la totalité ou une partie de vos cotisations à un REER dont votre conjoint est le rentier, même si celui-ci verse des cotisations à son propre REER. Vous devez verser la cotisation directement au fiduciaire du régime et obtenir un reçu prouvant que vous avez effectué les versements. Vous ne pouvez toutefois verser des cotisations spéciales découlant d'une disposition de roulement à un REER en faveur de votre conjoint.

Les cotisations au REER du conjoint représentent un excellent moyen de fractionnement du revenu au moment de la retraite. Par exemple, si vous estimez que votre conjoint n'aura que peu de revenu à la retraite autre que les rentes de l'État, il est souhaitable de cotiser à son REER. En effet, son taux marginal d'impôt pourrait n'être que de 25 % au moment de la retraite tandis que le vôtre serait de 45 %. Si c'est le cas, vous et votre conjoint disposerez de 0,20 $ de plus sur chaque dollar de revenu de retraite provenant du REER de votre conjoint. De plus, votre conjoint disposera d'un revenu admissible au crédit d'impôt pour revenu de pension dès l'âge de 65 ans.

> **Les cotisations au REER du conjoint représentent un excellent moyen de fractionnement du revenu au moment de la retraite.**

ATTENTION

Votre cotisation au REER du conjoint réduit la valeur de la cotisation admissible à votre propre REER. Autrement dit, les cotisations totales versées aux deux régimes ne peuvent dépasser votre déduction maximale admissible. Les transferts de fonds de vos REER, RPA ou RPDB à un REER du conjoint sont interdits, sauf en cas de décès ou d'échec du mariage.

Si vous avez 71 ans ou plus et que vous disposez d'un solde de déductions inutilisées, vous pouvez toujours cotiser au REER de votre conjoint si celui-ci a moins de 71 ans.

En cas de décès, le représentant légal de la succession est autorisé à verser, dans les 60 jours qui suivent la fin de l'année où le contribuable est décédé une cotisation au REER du conjoint lorsque ce dernier n'a pas atteint 71 ans. Cette disposition permet de déduire la somme en cause dans la déclaration fiscale du défunt.

Retraits d'un REER du conjoint. Une règle spéciale empêche l'utilisation du REER du conjoint pour fractionner le revenu et réduire l'impôt à payer. Un montant reçu par votre conjoint peut ainsi être inclus dans votre revenu. C'est le cas lorsque votre conjoint reçoit des fonds d'un REER, d'un FERR ou d'une rente auquel vous avez cotisé. Cette règle, plutôt complexe, tient compte du montant reçu par votre conjoint durant l'année et de l'ensemble des cotisations que vous avez versées aux régimes de votre conjoint au cours de cette même année et des deux années précédentes.

Cette mesure s'applique, peu importe le nombre de REER détenus par votre conjoint, même si les fonds ont été transférés d'un REER « du conjoint » à un autre REER dans lequel vous n'avez versé aucune cotisation directe. Si votre conjoint reçoit des fonds d'un REER dans lequel lui seul a versé des cotisations, vous n'avez pas à inclure les montants en question dans votre revenu, même si vous avez versé des cotisations à d'autres régimes en faveur de votre conjoint au cours de l'année ou des deux années précédentes.

La règle s'applique également aux transferts en franchise d'impôt, effectués de 1989 à 1994 dans le REER du conjoint, de paiements périodiques pouvant atteindre 6 000 $ reçus d'un régime de pension agréé ou d'un régime de participation différée aux bénéfices. La règle ne s'applique pas lors de votre décès ni si vous êtes divorcé ou séparé et que vous ne cohabitez pas avec votre conjoint.

REER immobilisés

Lorsqu'il quitte son emploi, un employé a normalement trois possibilités à l'égard des fonds de retraite acquis dans le régime de son employeur : laisser ces fonds dans ce régime, les transférer au régime de pension agréé de son nouvel employeur (si celui-ci est d'accord) ou les transférer à un REER immobilisé. Le REER immobilisé (compte de retraite immobilisé au Québec) est plus contraignant qu'un REER ordinaire puisqu'aucun retrait n'est permis avant la retraite. Au moment de votre retraite, les fonds cumulés dans ce REER servent habituellement à l'acquisition d'une rente ou d'un « fonds de revenu viager » au Québec. Certaines lois provinciales prescrivent le même traitement lors du transfert de fonds d'un RPA à un REER.

Genres de cotisations

Les cotisations à votre REER peuvent se faire sous forme d'espèces ou de biens, selon votre type de REER. Lors du transfert d'un bien au REER, on considérera que vous avez vendu ce bien à la juste valeur marchande et effectué une cotisation équivalente. Le gain qui peut en résulter doit être inclus dans votre revenu aux fins de l'impôt. Les gains en capital peuvent être admissibles à votre exemption à vie pour gains en capital grâce à l'exercice d'un choix dans votre déclaration de revenus de 1994 (voir le chapitre 7). Toute perte vous est cependant refusée et ne peut servir à compenser un gain. Il n'est donc pas conseillé de transférer à votre REER un bien dont la valeur a diminué. Si le bien transféré à titre de cotisation constitue un placement non admissible (voir ci-dessous), sa juste valeur marchande doit être incluse dans votre revenu de l'année de la cotisation.

Emprunt pour contribuer à un REER

L'intérêt payé sur les capitaux empruntés pour verser une cotisation à un REER après le 12 novembre 1981 n'est pas déductible aux fins d'impôt. L'intérêt sur les emprunts contractés avant cette date continue d'être déductible. Emprunter pour verser une cotisation pourrait s'avérer plus avantageux, dans certaines circonstances précises, que de ne pas cotiser du tout. Ce sera plus souvent le cas lorsque l'échéance du délai de report de déductions inutilisées est imminente. En empruntant maintenant pour verser une cotisation plutôt que d'attendre plusieurs années pour vous prévaloir du report de déductions inutilisées, vous pouvez commencer immédiatement à placer votre revenu à l'abri du fisc. Dans chacune de ces situations, il est important de comparer le coût des intérêts non déductibles à l'avantage fiscal obtenu.

REER et transferts

D'une manière générale, on permet le transfert direct en franchise d'impôt de sommes forfaitaires d'un régime à un autre, sous réserve d'un maximum prescrit. Par exemple, les sommes cumulées dans un REER peuvent être transférées en franchise d'impôt à un autre REER, à un FERR ou à un RPA. Elles doivent cependant être transférées directement par l'émetteur du REER et le transfert doit survenir avant l'échéance du REER.

107

Soulignons que le roulement en franchise d'impôt d'une allocation de retraite dans un REER est encore autorisé, sous réserve de certains plafonds. Pour les années de service après 1988, le plafond s'établit à 2 000 $ par année de service. Cette somme peut être majorée de 1 500 $ par année de service accompli avant 1989 pendant laquelle aucune cotisation de l'employeur à un RPA ou à un RPDB n'est acquise à l'employé. Pour éviter que l'impôt soit retenu sur l'allocation de retraite, l'employeur peut effectuer le transfert directement dans le REER. En outre, des paiements périodiques reçus d'un RPA ou d'un RPDB peuvent être transférés au REER du conjoint de 1989 à 1994, sous réserve d'un plafond annuel de 6 000 $.

Vous pouvez transférer directement dans un REER, un autre FERR ou une rente de type REER, des paiements de rentes et des paiements d'un FERR qui dépassent le versement annuel minimal requis. La rente doit cependant prévoir des paiements égaux au moins une fois l'an à partir d'une date qui survient au plus tard un an après le transfert.

Pénalités, impôts spéciaux et retrait d'enregistrement

Excédents de cotisation. Les cotisations annuelles versées à un REER avant 1991 qui dépassent le plus élevé de 5 500 $ et de la somme effectivement déductible aux fins d'impôt sont assujetties à un impôt de 1 % par mois sur l'excédent jusqu'au retrait de celui-ci. La règle a été modifiée pour les cotisations versées après 1990, et tout « excédent cumulatif » supérieur à un montant de 8 000 $ est assujetti à la pénalité de 1 %. L'excédent en cause peut être retiré en franchise d'impôt au cours de l'année durant laquelle le contribuable reçoit un avis de cotisation relatif à l'année du versement de l'excédent de cotisation ou au cours de l'année suivante. Si l'excédent n'est pas retiré, il en résulte une double imposition puisque la déduction au titre de la cotisation n'est pas autorisée, et l'excédent est imposé lorsqu'il est reçu sous forme de revenu de retraite.

Investissements étrangers. Vous pouvez investir 20 % du coût de vos placements aux fins de REER en titres étrangers admissibles. Vous devez payer un impôt au taux de 1 % sur le montant excédentaire investi en titres étrangers pour chaque mois durant lequel l'excédent demeure dans votre REER. Vous pouvez dépasser le seuil de 20 %, sous réserve de certaines limites, si vous investissez dans des petites entreprises admissibles.

Placements non admissibles. Si votre REER acquiert un placement non admissible, la juste valeur marchande du placement au moment de l'acquisition doit être incluse dans votre revenu pour l'année en cause. Dans l'année où le REER se défait de ce placement, vous pouvez déduire de votre revenu le moindre du produit de la vente ou du coût initial. Le revenu gagné grâce au placement non admissible est assujetti à un impôt calculé au taux marginal maximal.

Lorsque vous détenez dans votre REER un placement admissible qui cesse de l'être, le REER est assujetti à un impôt spécial correspondant à 1 % de la juste valeur marchande du placement au moment de l'acquisition, pour tous les mois durant lesquels le placement demeure non admissible ou jusqu'à ce que le placement ne fasse plus partie du REER. Cette règle s'applique dans la mesure où la valeur du placement n'a pas été incluse dans votre revenu.

Emprunts et exploitation d'une entreprise. Si votre REER emprunte de l'argent durant l'année, il est assujetti à l'impôt sur son revenu annuel total jusqu'au remboursement de l'emprunt. Le REER, à titre de fiducie, est assujetti à l'impôt au taux le plus élevé des particuliers dans votre province de résidence. De plus, si le REER exploite une entreprise pendant l'année, le revenu tiré de cette entreprise est assujetti à l'impôt selon les taux applicables aux fiducies.

REER en garantie d'un emprunt. Lorsqu'un bien détenu dans votre REER sert à garantir un emprunt, la juste valeur marchande du bien servant de garantie doit être ajoutée à votre revenu de l'année en cause. Lorsque le bien cesse de servir de garantie, une somme correspondant au montant ajouté à votre revenu, réduite de toute perte subie dans le cadre de l'emprunt, peut être déduite de votre revenu. Fait à noter, les modalités sont différentes pour le REER de type dépôt, puisque ce REER se désenregistre dès qu'une partie est cédée ou mise en garantie. Dans ce cas, la valeur intégrale de votre régime doit être incluse dans votre revenu aux fins d'impôt. Ce retrait d'enregistrement est irrévocable.

Le retrait d'enregistrement. Le retrait d'enregistrement d'un REER peut avoir lieu pour plusieurs motifs, auquel cas la juste valeur marchande de tous ses éléments d'actif s'ajoute à votre revenu aux fins d'impôt pour l'année au cours de laquelle le régime est désenregistré. Dans la plupart des cas, les émetteurs structurent votre REER de manière à en empêcher le retrait d'enregistrement (autrement dit, le contrat ou l'entente que vous avez avec l'émetteur interdit les démarches susceptibles de provoquer cette situation).

Votre REER sera automatiquement désenregistré si vous ne prévoyez pas le versement d'un revenu de retraite au plus tard le 31 décembre de l'année de votre 71e anniversaire. La valeur intégrale s'ajoute à votre revenu de l'année où vous atteignez l'âge de 72 ans. Certains régimes prévoient un achat de rente automatique lorsqu'aucun autre mode de paiement d'un revenu de retraite n'a été convenu, mais il se pourrait qu'une rente ne corresponde pas à vos besoins de revenu de retraite.

PLACEMENTS DANS UN REER

Intérêts, dividendes ou gains en capital dans votre REER

Si vous détenez tous vos placements dans un REER, votre stratégie de placement doit consister à maximiser votre rendement à long terme. Si vous détenez des placements tant à l'intérieur qu'à l'extérieur de votre REER, premièrement, vous devriez détenir vos placements productifs d'intérêts dans un REER, deuxièmement, il est généralement avantageux de détenir les actions privilégiées ou ordinaires versant des dividendes à l'intérieur du REER, à la condition que ceci n'entraîne pas une détention des titres productifs d'intérêts hors REER.

Si vous détenez tous vos placements dans un REER, votre stratégie de placement doit consister à maximiser votre rendement à long terme. Par ailleurs, toutes les sommes reçues d'un REER sont imposées intégralement. En effet, les gains en capital et les dividendes gagnés dans un REER perdent leur identité et n'ont pas droit à un traitement fiscal préférentiel.

Si vous détenez des placements tant à l'intérieur qu'à l'extérieur de votre REER, les règles du jeu ne sont plus tout à fait les mêmes. Premièrement, vous devriez détenir vos placements productifs d'intérêts dans un REER puisque le revenu d'intérêt provenant d'un instrument de placement autre qu'un REER est imposé intégralement.

Deuxièmement, il est généralement avantageux de détenir les actions privilégiées ou ordinaires versant des dividendes à l'intérieur du REER, à la condition que ceci n'entraîne pas une détention des titres productifs d'intérêts hors REER. En effet, pour que des dividendes sur actions privilégiées, hors REER, aient un rendement équivalent après impôt aux intérêts à 10 % (5,4 % après impôt dans la tranche d'imposition supérieure), il faudrait que leur taux soit de 7,9 %. Par contre, étant donné qu'un REER reporte l'impôt, le rendement de 10 % du titre productif d'intérêts est nettement supérieur au rendement de 7,9 % des dividendes lorsque les placements sont détenus dans un REER.

Vous êtes jeune, privilégiez les actions. Vous approchez de la retraite, privilégiez les titres moins risqués.

Une autre observation s'impose concernant le portefeuille de votre REER. Généralement, plus vous êtes jeune, plus vous devriez détenir des actions dans votre portefeuille. Vous pouvez profiter du rendement supérieur prévu à long terme, car vous êtes à même de résister aux fluctuations boursières. En revanche, plus vous approchez de la retraite, plus vous devriez privilégier (tant pour votre REER que pour vos placements hors REER) des investissements moins risqués, tels les titres productifs d'intérêts, afin de protéger votre capital cumulé.

Société d'assurance-dépôts du Canada

Assurez-vous que les placements de votre REER bénéficient de la garantie offerte par la Société d'assurance-dépôts du Canada (SADC). Les placements admissibles comprennent les comptes d'épargne et de chèques, les certificats de placement garanti et les dépôts à terme remboursables en cinq ans ou moins. Les dépôts en devises étrangères, tels que les comptes d'épargne en dollars US et les certificats de placement garanti ou les fonds communs de placement libellés en dollars américains, ne sont pas assurés.

La protection maximale s'élève à 60 000 $ par client pour chaque institution membre de la SADC. Si vous détenez un REER auprès de plus d'une telle institution, directement ou par l'entremise d'un régime autogéré, vous multipliez votre protection. Parallèlement, si vous êtes titulaire d'un REER autogéré qui détient des placements auprès de plusieurs institutions financières membres de la SADC, chacun de ces placements jouit d'une protection distincte. L'assurance qui couvre votre REER est distincte de celle qui protège vos placements personnels. Votre protection maximale auprès d'une institution s'élève donc à 120 000 $.

Types de REER

Les trois grandes catégories de placements dans un REER s'établissent comme suit :

1 Le REER de type assurance : vous vous engagez à verser un certain montant, le plus souvent à intervalles réguliers, en contrepartie d'un revenu de retraite d'une valeur donnée versé à intervalles réguliers.

2 Le REER de type dépôt : vos dépôts sont versés directement auprès de l'émetteur.

3 Le REER de type fiducie : le plus connu est le REER autogéré, dans le cadre duquel vous prenez les décisions en matière de placements.

Les sociétés d'assurances vendent des REER semblables et concurrentiels à ceux qui sont offerts par les autres institutions financières. Ces REER ne sont généralement pas protégés par la Société d'assurance-dépôts du Canada, mais ils sont auto-assurés par le secteur des assurances.

REER autogérés

Les REER autogérés proposent généralement des relevés mensuels pratiques, établis par une seule source, en plus de faciliter la répartition et la diversification du risque. À mesure que les objectifs d'investissement évoluent, on peut modifier la composition du portefeuille autogéré.

SITUATIONS PARTICULIÈRES

Régime d'accession à la propriété

Le budget fédéral de 1994 a prorogé le régime d'accession à la propriété en date du 2 mars 1994, mais uniquement pour les acheteurs d'une première maison qui en font la demande après le 1er mars 1994. On considère qu'un particulier achète pour la première fois une maison si ni lui-même ni son conjoint n'était propriétaire d'une maison leur servant de résidence principale au cours de l'une des cinq années civiles commençant avant la date du retrait. **Les particuliers ne peuvent bénéficier qu'une fois du Régime d'accession à la propriété et ils peuvent retirer jusqu'à 20 000 $ de leurs REER pour s'acheter une maison, sans avoir à payer d'impôt sur le retrait. Les fonds retirés doivent être reversés au REER par paiements échelonnés sur une période d'au plus quinze ans.** Par exemple, si un particulier a retiré 15 000 $ d'un REER dans le cadre du Régime d'accession à la propriété, son remboursement annuel doit être de 1 000 $ par année (15 000 $ divisés par 15 ans).

La période de remboursement de 15 ans commence la deuxième année civile suivant celle du retrait. Il faut généralement qu'une maison admissible soit acquise avant le 1er octobre de l'année civile qui suit celle du retrait. Un participant peut choisir qu'un remboursement effectué au cours des 60 premiers jours d'une année soit considéré comme effectué l'année précédente.

Si un particulier décide de ne pas rembourser le montant prévu pour une année donnée ou choisit de n'en rembourser qu'une partie, le montant non remboursé sera inclus dans son revenu pour l'année et, donc, sera assujetti à l'impôt.

Si vous bénéficiez du Régime d'accession à la propriété, vous devriez rembourser les fonds retirés de votre REER aussi rapidement que possible afin de maximiser votre revenu de retraite. Vous pouvez reverser à votre REER, au cours de n'importe quelle année, un montant supérieur au remboursement annuel prévu.

113

montant supérieur au remboursement annuel prévu. Ceci permet de réduire le solde à rembourser ainsi que les rembourse-ments annuels prévus pendant le reste de la période.

Une règle spéciale empêche les contribuables de bénéficier d'une déduction fiscale au titre d'une cotisation versée à un REER s'ils retirent cette cotisation dans les 90 jours qui suivent, dans le cadre du Régime d'accession à la propriété. Les cotisations ver-sées à un REER au cours de la période de 90 jours ne sont pas considérées comme ayant été retirées dans la mesure où le solde, après le retrait du REER, n'est pas inférieur à la cotisation ainsi versée.

ATTENTION

Même si votre REER vous permet de retirer le maxi-mum autorisé, il ne s'agit pas nécessairement d'une bonne stratégie, car la possibilité de générer un revenu de placement dans le REER en franchise d'impôt sera inexistante jusqu'à ce que les fonds aient été rem-boursés.

Échec du mariage

En cas d'échec d'un mariage, un particulier peut transférer, en franchise d'impôt, des fonds de son REER ou de son FERR au REER, au FERR ou au RPA de son conjoint. Les règles d'attribution ne s'appliquent pas à un tel transfert. Autrement dit, le revenu découlant du transfert d'un conjoint à un autre n'est pas imposé entre les mains du cédant, comme ce serait le cas si le couple demeurait marié. De plus, les règles qui découragent la résiliation des REER au bénéfice du conjoint ne s'appliquent pas en cas d'échec du mariage.

Pour que les fonds ainsi transférés du REER d'un particulier à celui de son conjoint ou ancien conjoint ne soient pas imposés, ils doivent être transférés aux termes d'un décret, d'une ordonnance ou d'un jugement d'un tribunal compétent, ou encore d'un accord de séparation écrit.

REER et non-résidents

Le fait de devenir non-résident du Canada peut entraîner des conséquences fiscales extrêmement complexes. Vous devriez résoudre la question de votre REER de concert avec les nombreuses autres décisions financières et fiscales que vous devrez prendre. En termes très généraux, l'impôt est retenu à la source sur de nombreux types de paiements versés à partir du Canada à des résidents d'un autre pays. Il se peut aussi que l'autre pays assujettisse le « paiement » à l'impôt, mais la plupart des pays étrangers accordent un crédit pour les impôts canadiens déjà versés. Au Canada, le traitement fiscal réservé au REER dépend de la situation de votre REER (échu ou non) et de votre nouveau pays de résidence.

Accès des créanciers à votre REER

Les tribunaux ont décidé que les créanciers peuvent obtenir accès au REER d'un failli pour régler ses dettes. En fait, seuls quelques REER du type assurance offrent une protection contre les créanciers, mais des cas récents de jurisprudence pourraient affaiblir cette protection dans certaines circonstances. Par contre, les créanciers n'ont pas accès aux rentes viagères et ils peuvent difficilement assujettir à une saisie-arrêt les rentes certaines et les fonds d'un FERR. Vous n'obtiendrez vraisemblablement aucune protection en transférant votre REER auprès d'une société d'assurances peu avant une éventuelle déclaration de faillite, car les lois sur la faillite prévoient ce genre de subterfuge.

REER et décès

Pour déterminer le traitement fiscal des sommes cumulées dans un REER au moment du décès du rentier, il faut savoir si le REER est échu et qui en est le bénéficiaire. Le conjoint reçoit le traitement le plus favorable. Afin de garantir que les sommes soient versées aux bénéficiaires prévus avec un minimum de tracasserie, vous devriez désigner expressément les bénéficiaires de votre REER dans le contrat lui-même ou dans votre testament.

Si le REER n'est pas échu, on inclut généralement la juste valeur marchande de tous les biens du REER dans le revenu de la personne décédée pour l'année du décès ; ce montant est assujetti à l'impôt dans l'ultime déclaration fiscale de la personne décédée avant que les biens soient répartis entre ses bénéficiaires.

Il existe cependant deux exceptions. Premièrement, lorsque le conjoint (incluant à cette fin les conjoints de fait qui vivent ensemble depuis au moins un an) est désigné à titre de bénéficiaire, le régime lui est essentiellement transféré avec tous les avantages du report de l'impôt.

Deuxièmement, on n'inclut pas dans le revenu de la personne décédée un «remboursement de primes». Cette notion, qui englobe tout le revenu cumulé, se définit comme suit:

- toute somme versée au conjoint d'un rentier décédé, à même un REER, même si le conjoint n'était pas expressément désigné à titre de bénéficiaire, ou

- si, au moment de son décès, le rentier n'avait pas de conjoint, les sommes versées à ses enfants ou petits-enfants désignés au titre des bénéficiaires, qui étaient des personnes à charge du rentier.

Un conjoint ou un enfant physiquement ou mentalement handicapé peut transférer un remboursement de primes à son propre REER ou FERR, selon la méthode du report d'impôt, au cours de l'année du décès du rentier ou dans les 60 jours qui suivent la fin de cette année. De plus, le conjoint ou l'enfant handicapé peut acquérir une rente viagère ou une rente certaine jusqu'à l'âge de 90 ans à même le remboursement de primes. Les autres enfants qui reçoivent un remboursement de primes peuvent bénéficier d'un report d'impôt s'ils utilisent ce montant pour acquérir une rente qui sera échue à l'âge de 18 ans.

Le représentant légal du rentier décédé peut choisir de faire verser le remboursement de primes au conjoint ou, s'il n'y a pas de conjoint, aux personnes à charge admissibles.

Des règles similaires s'appliquent aux FERR. Lorsque le conjoint du rentier décédé est le bénéficiaire, le régime lui est transféré, l'imposition est généralement reportée et le conjoint reçoit tous les paiements futurs.

ÉCHÉANCE DE VOTRE REER

Avant l'échéance de votre REER, vous devez songer sérieusement à vos objectifs de retraite, au montant nécessaire pour les atteindre et au moment où vous aurez besoin de cette somme. Vous devez aussi envisager l'incidence fiscale de vos décisions à l'approche de votre retraite. Il importe de comparer attentivement les choix du revenu de retraite provenant d'un REER. Vous avez tout intérêt à obtenir les conseils d'un spécialiste compétent lors de la planification de votre revenu de retraite.

Choix à l'échéance

Il faut mettre un terme à votre REER au plus tard le 31 décembre de l'année de votre 71e anniversaire. Vous devriez voir à ce que les modalités d'un REER constitué avant 1986 soient modifiées pour permettre une échéance hâtive.

Un REER vient à échéance lorsque le rentier prend des dispositions pour commencer à toucher un revenu de retraite à même les fonds du REER. Dans le cas de certains REER du type assurance, il s'agit simplement de la date à laquelle vous commencez à recevoir le revenu convenu du REER.

Les REER autres que ceux du type assurance comportent essentiellement trois choix à l'échéance :

1 Vous pouvez recevoir une rente, dont il existe plusieurs formes.

2 Vous pouvez transférer le montant cumulatif de votre REER dans un FERR et en retirer un revenu de retraite périodique.

3 Vous pouvez simplement mettre fin au REER et recevoir un paiement forfaitaire duquel l'émetteur aura prélevé l'impôt y afférant.

Vous pouvez choisir une ou plusieurs de ces options et détenir autant de rentes et de FERR différents que vous le désirez. Vous pouvez ainsi envisager de mettre fin à une partie de vos REER cumulés afin de financer certaines dépenses prévues dès le début de votre retraite, par exemple un long voyage, bien que le FERR permette aussi de réaliser cet objectif. Vous voudrez vraisemblablement vous protéger de l'inflation en transférant une partie des fonds provenant de vos REER à un FERR, à une rente indexée ou aux deux.

Les REER restent particulièrement souples, même après que vous avez arrêté votre choix sur un revenu de retraite, car vous pouvez passer d'une option à une autre sans trop de contraintes. Ainsi, vous pouvez transférer un FERR à un autre émetteur afin d'obtenir un meilleur rendement. Vous pouvez aussi détenir autant de FERR que vous le voulez et en retirer n'importe quelle somme à tout moment, à la condition de retirer une somme minimale chaque année. Selon les dispositions du contrat, vous pouvez également faire racheter une rente, auquel cas la valeur de rachat devient imposable. En revanche, les sommes retirées d'un FERR au-delà du minimum stipulé et la valeur d'une rente rachetée peuvent être directement transférées, sans conséquence fiscale immédiate, à d'autres rentes ou à un FERR et même à un REER, si vous avez moins de 72 ans. Il se peut aussi que vous puissiez faire l'acquisition, auprès de certaines sociétés d'assurances, d'une rente viagère qui prévoit des versements plus importants si vous prouvez que votre espérance de vie est considérablement inférieure à la norme.

ATTENTION

Vous n'êtes aucunement tenu d'acquérir une rente ou un FERR de l'émetteur de votre REER. Comparez les taux offerts en tenant compte des options que vous préférez avant de fixer votre choix ; pensez à consulter un courtier en rentes ou un autre conseiller professionnel afin qu'il recherche les meilleurs rendements et qu'il s'occupe des modalités en votre nom.

Il est extrêmement important de ne pas attendre à la dernière minute, c'est-à-dire au 31 décembre de l'année de votre 71e anniversaire, pour planifier l'échéance de votre REER. Au-delà de ce délai, tous les fonds cumulés dans votre REER sont incorporés dans votre revenu de l'année qui suit celle de votre 71e anniversaire et vous ne disposez d'aucun moyen pour corriger cet oubli.

Échéance hâtive

Le choix d'une échéance hâtive pour votre REER peut s'avérer coûteux en termes de diminution du revenu. Essayez de retarder le moment de toucher un revenu de retraite à même votre REER jusqu'à ce que vous en ayez absolument besoin. Si vous avez 65 ans ou plus, le revenu de retraite provenant d'un REER est admissible au crédit d'impôt pour revenu de pension (voir le chapitre 5).

> **Essayez de retarder le moment de toucher un revenu de retraite à même votre REER jusqu'à ce que vous en ayez absolument besoin.**

Rentes provenant d'un REER

Il existe deux grands types de rentes : les rentes viagères et les rentes certaines. D'une part, en vertu d'une rente viagère, vous devez toucher des paiements périodiques au moins une fois l'an, et ce, jusqu'à votre décès. Le montant du paiement est fondé sur l'espérance de vie moyenne pour votre catégorie d'âge et sur les taux d'intérêt du moment, entre autres facteurs. D'autre part, les rentes certaines au titre d'un REER sont payables jusqu'à ce que vous ayez 90 ans ou jusqu'à ce que votre conjoint ait atteint cet âge. Les paiements, fondés pour l'essentiel sur les taux d'intérêt du moment, cessent après votre 90e année.

> **Au moment d'analyser les possibilités de revenus de retraite, n'oubliez pas que les paiements versés durant les premières années de la retraite sont beaucoup moins généreux pour les rentes indexées que pour les rentes à paiements égaux, mais ils deviennent plus généreux par la suite. Il est extrêmement important de procéder à une évaluation minutieuse de vos besoins en revenus à long terme avant d'opter pour l'une ou l'autre de ces possibilités.**

Le tableau de la page suivante présente le revenu mensuel que procure un placement de 50 000 $, selon diverses méthodes de placement et à divers âges. Les chiffres proviennent du groupe Polson, courtiers en rentes et FERR.

La première mensualité est versée un mois après la date d'achat. Les chiffres sont appelés à varier selon les fluctuations des taux d'intérêt ; ils correspondent à une moyenne des régimes ayant les meilleurs taux d'intérêt au 5 octobre 1994.

Au moment d'analyser les possibilités de revenus de retraite, n'oubliez pas que les paiements versés durant les premières années de la retraite sont beaucoup moins généreux pour les rentes indexées que pour les rentes à paiements égaux, mais ils deviennent plus généreux par la suite. Il est extrêmement important de procéder à une évaluation minutieuse de vos besoins en revenus à long terme avant d'opter pour l'une ou l'autre de ces possibilités.

ÂGE À L'ACHAT	RENTE VIAGÈRE SUR LA VIE D'UNE SEULE PERSONNE (PÉRIODE GARANTIE DE 10 ANS)		RENTE VIAGÈRE SUR LA VIE DES DEUX CONJOINTS (PÉRIODE GARANTIE DE 10 ANS)	RENTE CERTAINE JUSQU'À 90 ANS (PÉRIODE GARANTIE DE 10 ANS)	FEER JUSQU'À 90 ANS RENTE DE LA PREMIÈRE ANNÉE SEULEMENT
	Homme	Femme	Homme et Femme	Homme ou Femme	Versement minimal
60	422 $	399 $	379 $	378 $	139 $
61	428 $	404 $	383 $	381 $	144 $
62	433 $	408 $	387 $	384 $	149 $
63	439 $	413 $	391 $	387 $	154 $
64	445 $	417 $	395 $	392 $	160 $
65	452 $	423 $	400 $	397 $	167 $
66	458 $	429 $	405 $	402 $	174 $
67	465 $	436 $	410 $	408 $	181 $
68	472 $	442 $	416 $	414 $	189 $
69	479 $	449 $	421 $	421 $	198 $
70	488 $	457 $	428 $	429 $	208 $
71	494 $	464 $	435 $	437 $	308 $

Fonds enregistrés de revenu de retraite (FERR)

Les FERR comportent un certain nombre d'avantages sur les rentes :

■ On peut mieux y contrôler le facteur de protection contre l'inflation qu'avec une rente indexée, étant donné que la valeur du paiement annuel est très variable.

■ Vous pouvez aisément répondre aux besoins ponctuels de revenu qui surgissent au cours d'une année donnée, car vous avez la faculté de retirer n'importe quel montant d'un FERR à tout moment, pourvu que vous retiriez au moins le montant minimal.

■ Vous exercez un contrôle des placements effectués dans le cadre du FERR qui génèrent votre revenu de retraite. (Bien entendu, des fonds investis dans votre FERR peuvent être dilapidés si vous faites de mauvais placements ou des placements risqués.)

■ Vos ayants droit en profitent, en ce sens que des montants appréciables peuvent être conservés dans le FERR, surtout durant les premières années de son existence.

■ Vous pouvez convertir des montants d'un FERR en une rente viagère à tout moment ; cette conversion est irréversible sauf si vous êtes âgé de moins de 71 ans et que la rente viagère a été acquise à même les fonds d'un REER.

Le FERR ressemble au REER. Les fonds y sont investis par l'émetteur ou par le titulaire même (FERR autogéré). Divers types de fonds peuvent détenir différents types de placements admissibles, semblables dans l'ensemble à ceux qui sont autorisés pour les REER. Tous les montants investis dans un FERR restent à l'abri de l'impôt jusqu'à ce qu'ils soient versés, et le rendement des placements influe sur la valeur globale du régime.

Un montant minimal doit être versé chaque année au rentier à même chaque FERR, puis inclus dans son revenu aux fins d'impôt.

À la suite du budget fédéral de 1992, les règles ont été modifiées pour permettre d'étaler les retraits du FERR pendant la durée de vie restante du titulaire (ou de son conjoint), plutôt que devant prendre fin à l'âge de 90 ans. Le tableau ci-après établit une comparaison entre les pourcentages actuels de retrait minimal et ceux permis en vertu des anciennes règles.

RETRAIT MINIMAL ANNUEL (% DE L'ACTIF DU FERR)

ÂGE	ANCIENNES RÈGLES[1] %	NOUVELLES RÈGLES (%) GÉNÉRALES	FERR ADMISSIBLES
71	5,26	7,38	5,26
72	5,56	7,48	5,56
73	5,88	7,59	5,88
74	6,25	7,71	6,25
75	6,67	7,85	6,67
76	7,14	7,99	7,14
77	7,69	8,15	7,69
78	8,33	8,33	8,33
79	9,09	8,53	8,53
80	10,00	8,75	8,75
81	11,11	8,99	8,99
82	12,50	9,27	9,27
83	14,29	9,58	9,58
84	16,67	9,93	9,93
85	20,00	10,33	10,33
86	25,00	10,79	10,79
87	33,33	11,33	11,33
88	50,00	11,96	11,96
89	100,00	12,71	12,71
90	S/O	13,62	13,62
91	S/O	14,73	14,73
92	S/O	16,12	16,12
93	S/O	17,92	17,92
94 ou plus	S/O	20,00	20,00

(1) Les facteurs dans cette colonne correspondent à $1/(90-X)$, X étant égal à l'âge du rentier ou de son conjoint, selon le cas.

Les règles actuelles s'appliquent à tous les FERR auxquels les fonds sont transférés après 1992. Pour la plupart des FERR acquis avant la fin de 1992 ou constitués exclusivement de montants provenant de tels fonds avant 1992 (FERR admissibles), les pourcentages de paiement minimal précédents continueront de s'appliquer pour les particuliers dont l'âge va jusqu'à 77 ans. Cependant, les pourcentages inférieurs de paiement minimal pour les particuliers âgés de plus de 78 ans s'appliqueront à tous les FERR, peu importe la date d'acquisition.

ATTENTION

N'oubliez pas que, si vous retirez des sommes importantes de votre FERR, vous réduisez la valeur des paiements à recevoir au cours des années futures.

Une retenue fiscale s'applique à l'excédent du retrait sur le montant minimal que vous devez retirer au cours de l'année. Cette retenue devient un crédit à faire valoir sur votre impôt à payer pour l'année en question.

Tous devraient envisager un investissement d'au moins une partie de leurs REER dans un FERR au moment de la retraite, en raison de la souplesse des régimes. Le conjoint survivant d'un rentier du FERR qui est décédé après 1990 est désigné comme le « rentier » de ce fonds, pourvu que les parties aient convenu au préalable de la continuité des versements, ou que le représentant légal du premier rentier donne son consentement et que l'émetteur du fonds s'engage à effectuer les versements au conjoint survivant. Les paiements au titre du FERR continueront alors de lui être versés et seront imposables entre ses mains seulement à mesure qu'ils seront reçus.

Tous devraient envisager un investissement d'au moins une partie de leurs REER dans un FERR au moment de la retraite, en raison de la souplesse des régimes.

Encaissement du REER en un seul paiement

Pour de nombreux contribuables, il faut à tout prix éviter cette troisième option en raison de ses incidences fiscales. En effet, si vous mettez fin à un REER, vous devez ajouter la valeur totale de votre retrait à votre revenu de l'année en cause et payer l'impôt correspondant, souvent au taux d'imposition maximal des particuliers (voir « Retraits d'un REER » ci-dessus).

Si vous envisagez de quitter le pays au moment de votre retraite et ainsi devenir non-résident du Canada, vous pouvez réduire votre impôt canadien en établissant d'abord votre statut de non-résident, puis en mettant fin à votre REER. Une retenue d'impôt des non-résidents s'appliquera aux fonds retirés de votre REER, mais elle sera vraisemblablement effectuée à un taux inférieur à ceux mentionnés ci-dessus pour les résidents du Canada, surtout si vous élisez domicile dans un pays avec lequel le Canada a conclu une convention fiscale prévoyant un taux de retenue réduit.

Il n'existe pas de retenue d'impôt provincial des non-résidents lorsque vous encaissez votre REER après avoir cessé d'être résident canadien. Votre fardeau fiscal est ainsi réduit de beaucoup.

Si vous conservez votre statut de résident du Canada et que vous désirez vous servir des fonds investis dans vos REER tout en minimisant votre fardeau fiscal, songez à étaler votre revenu en mettant fin à vos REER sur plusieurs années. Par contre, avec seulement trois tranches d'imposition, le taux maximal d'impôt peut difficilement être évité.

En plus de payer l'impôt à un taux marginal élevé lorsque vous mettez fin à un REER, vous perdez également le report d'impôt toujours mis à votre disposition par un REER, un FERR ou même une rente. Ce facteur ne concerne pas un particulier mettant fin à son REER pour répondre à des besoins financiers pressants.

Le fait de mettre un terme à un REER offre l'avantage de vous permettre de disposer des capitaux voulus pour répondre à vos besoins dès les premières années de votre retraite. Par ailleurs, le coût fiscal n'est pas forcément exorbitant si vous avez moins de 71 ans et que vous ne mettez pas fin à vos autres REER avant d'en avoir absolument besoin. Par contre, vous pouvez obtenir un résultat semblable par l'entremise d'un FERR, peut-être à moindre coût et, généralement, avec plus de facilité.

L'investissement à long terme

Est-il avantageux pour vous d'effectuer un choix, disponible en 1994 seulement, pour profiter de l'exemption de 100 000 $ pour gains en capital ?

•

Pouvez-vous faire en sorte que vos placements génèrent un gain en capital lors de leur disposition et non du revenu ordinaire ?

•

L'utilisation d'une société de portefeuille pour détenir vos placements est-elle avantageuse ?

•

Avez-vous calculé l'impact des pertes nettes cumulatives sur placements (PNCP) à l'égard de l'exemption pour gains en capital ?

•

Réduisez l'impact des pertes nettes cumulatives sur placements en recevant certains revenus de dividendes ou d'intérêts de votre société.

•

Avez-vous accumulé des pertes au titre d'un placement d'entreprise ?

•

Vous pouvez réclamer une réserve à l'égard du produit de disposition non exigible lors de la vente de biens.

Exemption de 100 000 $ pour gains en capital

L'exemption de 100 000 $ pour gains en capital a été éliminée dans le dernier budget fédéral. Cependant, les gains cumulés jusqu'à la présentation du budget, le 22 février 1994, peuvent toujours être admissibles à l'exemption de 100 000 $.

Comment tirer profit de l'exemption de 100 000 $ pour gains en capital

Afin de profiter de l'exemption de 100 000 $ pour gains en capital non réalisés, un particulier doit choisir un montant à titre de produit d'aliénation qu'il indiquera dans sa déclaration de revenus de 1994. **C'est votre dernière chance de bénéficier de l'exemption de 100 000 $ pour gains en capital.** L'utilisation de votre exemption résultera en une réduction de l'impôt à verser lors d'une vente subséquente. En effectuant un choix, vous pouvez cristalliser votre exemption sans vous départir d'un bien. Le produit de disposition réputé, choisi dans la déclaration de revenus de 1994, sera plutôt utilisé pour calculer le gain en capital s'y rapportant. Le montant choisi ne peut être supérieur à la juste valeur marchande du bien au 22 février 1994, ni inférieur à son prix de base rajusté. De plus, le choix ne permet pas au particulier de comptabiliser des gains supérieurs aux montants requis pour bénéficier de l'exemption.

L'exemption s'applique habituellement aux gains résultant des aliénations avant le 22 février 1994 (ou d'une aliénation réputée provenant d'un choix fait dans la déclaration de revenus de 1994) pour l'ensemble des immobilisations des particuliers résidant au

126

Canada, y compris les biens étrangers. Elle est cumulative jusqu'à concurrence de 100 000 $. Tous les gains en capital imposables réalisés pendant l'année y sont admissibles, déduction faite des pertes en capital de l'année et des reports de pertes des années antérieures. Rappelez-vous que la déduction d'une perte réduit le montant admissible à l'exemption pour gains en capital. Deux autres éléments réduisent également l'exemption : les pertes nettes cumulatives sur placement et les pertes déductibles au titre d'un placement d'entreprise réclamées après 1984.

ATTENTION

L'année d'imposition 1994 est la dernière au cours de laquelle vous pourrez vous prévaloir de l'exemption de 100 000 $. Toutefois, tout gain en capital, réel ou réputé, doit être mentionné dans votre déclaration de revenus de 1994, sinon aucune exemption ne pourra être demandée. L'exemption doit être demandée à l'aide du formulaire T657 (TP235 au Québec).

Un gain découlant de la vente de la résidence principale d'un contribuable est exempt d'impôt et n'est pas inclus dans l'exemption de 100 000 $ (voir le chapitre 2). À cause de changements survenus en 1992 à l'exemption pour gains en capital, les gains sur les biens immobiliers que vous détenez, autres que votre résidence principale, ne seront probablement pas complètement à l'abri de l'impôt. En vertu de règles spéciales, une exemption de 500 000 $ au total, cumulative à vie, s'applique à l'égard des biens agricoles admissibles et des actions admissibles de sociétés exploitant une petite entreprise. Pour ce cas particulier, nous vous conseillons de consulter un spécialiste.

Planification en vue de bénéficier de l'exemption de 100 000 $

Depuis 1990, la fraction des gains en capital à inclure dans le revenu correspond aux trois quarts des gains en capital nets. Par conséquent, pour chaque tranche de 100 $ de gain en capital net, un montant de 75 $ est maintenant inclus dans le revenu. Vous pouvez ensuite utiliser votre exemption pour gains en capital, en indiquant votre choix dans la déclaration de revenus de 1994, afin de ne pas être imposé sur les montants de gains en capital inclus par ailleurs dans votre revenu. En d'autres mots, des gains en capital imposables de 75 000 $ réalisés en 1990 et durant les années subséquentes peuvent être absorbés par l'exemption (moins les montants d'exemption déjà utilisés).

Avant de faire un choix, vous devriez tenter de déterminer les conséquences possibles de l'impôt minimum de remplacement sur votre situation fiscale. En effet, lors du calcul de cet impôt, la fraction non imposable des gains (soit le quart) est incluse dans le revenu. Vous pourriez ainsi devoir verser un certain montant d'impôt sur vos gains. Toutefois, le montant d'impôt minimum de remplacement payé dans une année peut être reporté au cours des sept années subséquentes et déduit de la charge fiscale normale qui excède tout montant d'impôt minimum de remplacement pour ces années.

Comment maximiser l'exemption

Les gains en capital que vos enfants réalisent sur les immobilisations que vous leur avez auparavant transférés ne vous sont pas attribués. De tels transferts sont réputés effectués à la juste valeur marchande, sauf en ce qui concerne certains biens agricoles ; vous devez donc inclure dans votre revenu tout gain, ou toute perte, cumulé au moment du transfert. Cependant, les gains ultérieurs seront attribués à l'enfant. Par conséquent, il est possible de cristalliser tout gain cumulé sur un tel bien. Pour y arriver, vos enfants devront produire une déclaration de revenus en 1994 en indiquant leur choix à l'égard du bien.

Gains en capital relatifs à une société de portefeuille

Si vous détenez vos placements par l'intermédiaire d'une société de portefeuille, vous ne pourrez pas faire un choix à l'égard de ces placements ; cependant, vous pouvez produire un choix relatif aux actions de la société de portefeuille.

Biens agricoles

Le report de gains en capital réalisé sur le transfert de biens agricoles à un enfant n'est aucunement touché par l'exemption pour gains en capital. Par contre, il peut être plus avantageux de vendre les biens en question à vos enfants et de vous prévaloir de l'exemption de 500 000 $. Il faut donc planifier soigneusement la vente de biens agricoles à vos enfants de la façon la plus avantageuse sur le plan fiscal.

Choix pour les titres canadiens

Puisque seulement 75 % des gains en capital nets sont imposés, vous pouvez vouloir vous assurer que tous vos gains sont considérés comme des gains en capital et non comme un revenu. À part quelques exceptions, les gains ou pertes réalisés sur la vente de titres canadiens peuvent être traités comme des gains et des pertes en capital si vous faites un choix permanent à cet effet. Les courtiers en valeurs mobilières et les non-résidents, entre autres, ne sont pas autorisés à effectuer un tel choix. Vous devez utiliser le formulaire T123 (TP-250.1 au Québec) pour produire votre choix. Votre décision s'appliquera à toutes vos opérations futures sur des titres canadiens admissibles.

Pesez le pour et le contre avant de vous prévaloir de ce choix. Si vous décidez de traiter tous ces biens comme des immobilisations, vous serez peut-être dans l'impossibilité de réclamer certaines dépenses rattachées à la détention de ces biens, comme les intérêts sur les emprunts qui ont servi à les acquérir. En outre, un tel choix signifie automatiquement que les pertes subies par l'aliénation de ces biens sont des pertes en capital. La déductibilité des pertes est restreinte puisqu'elle ne peut être appliquée qu'à l'encontre des gains en capital.

À la suite de l'élimination de l'exemption pour gains en capital de 100 000 $, l'avantage fiscal de réaliser un gain en capital au lieu d'un revenu ordinaire est maintenant sensiblement réduit. Par conséquent, vous devez examiner votre situation à long terme avant de faire un tel choix.

Biens immobiliers américains

Vous pouvez faire un choix à l'égard de biens immobiliers américains, sous réserve des restrictions mentionnées ci-dessous. Notez qu'une propriété de villégiature peut aussi se qualifier à l'exemption au titre de résidence principale aux fins de l'impôt canadien. Toutefois, bien que les gains en capital réalisés par un résident canadien soient généralement exemptés de l'impôt américain en vertu de la convention fiscale entre le Canada et les États-Unis, les ventes de biens immobiliers ultérieures à 1985 pourraient être imposables aux États-Unis conformément au *Foreign Investment in Real Property Tax Act* (FIRPTA). Dans ce cas, vous pouvez vous prévaloir d'un crédit pour impôt étranger au Canada, et ce, jusqu'à concurrence du montant d'impôt canadien que vous auriez dû verser autrement.

RESTRICTIONS À L'ÉGARD DE L'EXEMPTION POUR GAINS EN CAPITAL

Dans son budget de 1992, le gouvernement cherchait de toute évidence à encourager les placements en actions en supprimant l'exemption de 100 000 $ pour certains biens immobiliers acquis après février 1992 et en limitant son utilisation à l'égard de certains biens immobiliers acquis avant mars 1992. Le choix d'utiliser l'exemption pour gains en capital de 100 000 $ en 1994 peut s'appliquer à la tranche admissible du gain cumulé jusqu'au 22 février 1994. Tout gain cumulé après février 1992 ne sera pas imposé jusqu'à ce que le bien soit vendu.

Si vous avez acquis une résidence secondaire le 1er mars 1992 ou après cette date, vous ne pourrez mettre à l'abri de l'impôt aucune tranche du gain en capital qui sera réalisé sur cette propriété en vertu de votre exemption de 100 000 $. Par conséquent, vous ne pourrez faire de choix à l'égard de cette propriété. En vertu d'une règle transitoire spéciale, vous pourrez protéger une partie des gains en capital réalisés sur une résidence secondaire acquise avant le 1er mars 1992 mais vendu ultérieurement, compte tenu évidemment du montant disponible en vertu de votre exemption de 100 000 $. Cette règle est fonction du nombre de mois écoulés depuis l'acquisition du bien après 1971 et avant mars 1992. En voici le fonctionnement.

Supposons que vous avez acheté un chalet pour 100 000 $ le 1er mars 1988 et que sa juste valeur marchande à la date du budget (soit le 22 février 1994) était de 145 000 $, le gain en capital total cumulé jusqu'à la date du budget est donc de 45 000 $. Lorsque vous produirez votre déclaration de revenus pour 1994, vous calculerez la partie de votre gain en capital admissible à l'exemption en fonction de la formule suivante: Gain en capital × (nombre de mois de possession avant mars 1992, divisé par le nombre total de mois de possession jusqu'en février 1994) = gain admissible

Suivant cette formule, votre gain admissible à l'exemption s'élève à 30 000 $ [45 000 $ × 48/72 = 30 000 $] (en supposant que vous n'avez pas utilisé le plein montant de votre exemption).

Vous produirez donc un choix avec votre déclaration de revenus de 1994 en précisant que le produit tiré de l'aliénation réputée correspond à 145 000 $ (c'est-à-dire la juste valeur marchande au 22 février 1994). Ce choix vous permet de maximiser la partie exemptée de votre gain en capital. Vous déclarez donc un gain total de 45 000 $, dont une tranche de 30 000 $ représente le gain antérieur à mars 1992. Vous remplirez de la manière habituelle le formulaire de demande d'exemption pour gains en capital. Supposons que vous en arrivez à la conclusion que vous avez droit à l'exemption pour le plein montant de 30 000 $.

Lorsque vous remplirez votre déclaration de revenus pour 1994, votre revenu net sera augmenté seulement de la partie imposable (75 %) des gains cumulés admissibles de 30 000 $. Vous demanderez par la suite une exemption pour gains en capital pour le même montant.

Votre revenu imposable de 1994 ne sera donc pas augmenté par suite du choix de fixer à 145 000 $ le produit tiré de l'aliénation réputée de la propriété. Par ailleurs, le gain de 15 000 $ attribuable à la période postérieure à février 1992 ne sera pas assujetti à l'impôt avant l'année durant laquelle vous vendrez le chalet.

Le prix de base rajusté de votre chalet est majoré de la partie exemptée du gain, soit 30 000 $ aux fins de cet exemple. Le jour où vous vendrez votre chalet, vous calculerez votre gain en capital à l'aide du nouveau prix de base rajusté de 130 000 $, soit la combinaison de votre ancien prix de base de 100 000 $, plus 30 000 $ de gains admissibles ayant fait l'objet du choix.

Pour évaluer votre situation fiscale, nombre de facteurs devront être pris en considération:

■ la valeur marchande au 31 décembre 1971 des biens acquis avant 1972;

131

- la valeur marchande au 31 décembre 1981 des biens acquis avant 1982;

- la détention de la propriété du bien (par exemple, mari, femme ou propriété conjointe);

- la juste valeur marchande au 22 février 1994;

- le mois et l'année pendant lesquels le bien sera vraisemblablement vendu;

- l'ampleur du gain réalisé sur la résidence secondaire;

- l'applicabilité éventuelle des règles d'attribution des gains en capital si un conjoint avait acquis le bien au moyen de fonds fournis par l'autre conjoint, ou si un conjoint avait transféré précédemment le titre de propriété du bien à l'autre conjoint;

- la disponibilité de l'exemption de 100 000 $ des gains en capital et son utilisation restreinte ou non en raison d'une perte nette cumulative sur placement.

Plusieurs facteurs ne sont pas de nature fiscale. Le transfert d'une résidence secondaire à un membre de la famille ou à une fiducie a des incidences au chapitre du droit de la famille. Nous vous recommandons d'obtenir les conseils d'un spécialiste avant d'agir.

Fait à noter, si vous êtes en affaires, les règles présentées dans le budget fédéral de 1992 ne s'appliquent pas aux immeubles utilisés principalement dans le cadre de votre entreprise exploitée activement. Ainsi la totalité du gain en capital accumulé sur ces biens est admissible à l'exemption de 100 000 $ mais vous devez faire un choix dans votre déclaration de revenus de 1994. Sinon, tout le gain réalisé lors d'une aliénation subséquente sera assujetti à l'impôt. De plus, les règles ne touchent pas l'exemption de 500 000 $ pour actions de petites entreprises et pour biens agricoles admissibles, pas plus qu'elles ne modifient l'exemption des gains en capital pour la résidence principale.

ATTENTION

L'exemption de 500 000 $ pour gains en capital à l'égard d'actions de petites entreprises ou de biens agricoles est présentement à l'étude afin de déterminer si elle doit être éliminée de la même façon que l'exemption de 100 000 $ pour gains en capital.

Pertes nettes cumulatives sur placements (PNCP)

Depuis 1988, les pertes nettes cumulatives sur placements réduisent les gains en capital nets admissibles à l'exemption à vie pour gains en capital. Une telle perte nette cumulative à la fin d'une année donnée correspond essentiellement à l'excédent de vos frais de placement cumulés sur votre revenu de placement cumulé.

Vos **frais de placement** pour une année se composent essentiellement des éléments suivants, qui sont déduits dans le calcul de votre revenu pour l'année 1988 et les années d'imposition ultérieures :

▪ Déductions demandées à l'égard d'un bien qui sert à gagner des intérêts, des dividendes, un loyer ou un autre revenu tiré de biens ; ces déductions comprennent les intérêts, la location de coffres de sûreté, la déduction pour amortissement, etc.

▪ Frais financiers, intérêts compris, relatifs à une participation ou un apport de capital dans une société en commandite (à moins que vous soyez le commandité) ou toute autre société de personnes dans laquelle vous ne jouez pas un rôle actif (à moins que vous exploitiez le même genre d'entreprise).

▪ Quote-part de la perte (sauf les pertes en capital déductibles) d'une société de personnes du genre décrit ci-dessus.

133

■ Cinquante pour cent de la quote-part des déductions attribuées à une action accréditive relative aux ressources ou à des frais d'exploration au Canada ou autres frais relatifs aux ressources d'une société de personnes dans laquelle vous ne jouez pas un rôle actif.

■ Toute perte de l'année découlant d'un bien, ou de la location ou du crédit-bail de biens immobiliers (y compris les immeubles résidentiels à logements multiples) qui sont votre propriété ou celle d'une société de personnes, qui n'est pas incluse ailleurs dans les frais de placement énumérés ci-dessus. Toutefois, la déduction pour amortissement (DPA) réclamée avant 1989 à l'égard de la production d'un long métrage portant visa n'est pas comprise dans les dépenses de placement pour une année.

■ Les gains en capital imposables nets qui ne sont pas admissibles à l'exemption des gains en capital (par exemple, une fraction des gains réalisés à la vente d'une résidence secondaire ou d'un autre bien immeuble que vous possédez en sus de votre résidence principale) et qui sont réduits, dans l'année en cours, par des pertes en capital nettes des autres années.

Votre **revenu de placement** pour une année comprend essentiellement les éléments suivants, qui sont inclus dans le calcul de votre revenu de l'année :

■ Intérêts, dividendes imposables et autres revenus tirés de biens (y compris la récupération de l'amortissement à l'égard des éléments produisant un revenu provenant de biens).

■ Quote-part du revenu (y compris la récupération de l'amortissement mais non les gains en capital imposables) d'une société en commandite ou de toute autre société de personnes dans laquelle vous ne jouez pas un rôle actif (à moins que vous exploitiez le même genre d'entreprise).

■ Revenu (y compris la récupération de l'amortissement) annuel tiré d'un bien, ou de la location ou du crédit-bail de biens immobiliers qui sont votre propriété ou celle

134

d'une société de personnes, et qui n'est pas inclus ailleurs.

■ Cinquante pour cent des frais d'exploration et d'aménagement recouvrés inclus dans le revenu.

■ La fraction de revenu de certains paiements de rente autres que ceux tirés d'un contrat de rente à versements invariables ou d'une rente acquise en vertu d'un régime de participation différée aux bénéfices.

■ Gains en capital imposables nets qui ne sont pas admissibles à l'exemption cumulative des gains en capital (par exemple, fraction des gains réalisés à la vente d'une résidence secondaire ou d'un immeuble à revenus que vous détenez en plus de votre résidence principale).

Que vos gains en capital soient admissibles ou non à l'exemption, vous pouvez continuer à déduire les intérêts versés sur les fonds empruntés aux fins de placement. Les règles ci-dessus ne visent que le calcul de l'exemption pour gains en capital.

Application des règles

Supposons que vous avez emprunté 20 000 $ en décembre 1992 à raison de 2 000 $ d'intérêts annuels. Vous avez utilisé les fonds pour acheter des actions d'une société publique qui ne verse pas de dividendes. Vous décidez de produire un choix à l'égard de ces actions dans la déclaration de revenus de 1994. La juste valeur marchande des actions est de 30 000 $ au 22 février 1994. Votre gain en capital imposable s'établit à 7 500 $ (3/4 du gain de 10 000 $). Malheureusement, l'exemption maximale n'est que de 3 500 $ (7 500 $ – 4 000 $ de perte nette cumulative sur placement). L'écart de 4 000 $ est conservé dans votre revenu et il est imposé en fonction de votre taux marginal d'impôt.

Votre perte nette sur placement n'est pas calculée en fonction de chacun de vos placements, mais bien sur leur ensemble. Les frais financiers relatifs à un titre peuvent ainsi réduire l'exemption à laquelle vous auriez droit à l'égard d'un gain en capital imposable réalisé sur la vente d'un autre titre. Ces règles ne diminuent pas votre exemption cumulative à vie pour gains en capital, mais elles

135

peuvent servir à reporter l'utilisation d'une partie ou de la totalité de cette exemption jusqu'à ce que votre revenu de placement dépasse les frais engagés pour le gagner. Si vous prévoyez tirer profit du choix permis en 1994, votre solde de pertes nettes cumulatives sur placements au 31 décembre 1994 sera pris en considération. Si vous avez un solde positif, vous voudrez peut-être prendre les mesures nécessaires pour l'éliminer.

Stratégie de planification

De toute évidence, vous voudrez éviter que les règles relatives aux pertes nettes cumulatives sur placements s'appliquent puisque, en 1994, ce sera la dernière année où vous pourrez vous prévaloir de l'exemption pour gains en capital de 100 000 $. Si vous avez engagé des dépenses d'intérêts après 1987 sur des fonds empruntés aux fins de placement et que vos placements ne rapportent que des gains en capital, les règles limiteront votre admissibilité à l'exemption de 100 000 $ en ce qui concerne ces placements, et une partie de vos gains sera donc imposable. Les dépenses en intérêts sur des fonds qui servent à exercer une profession ou à exploiter une activité commerciale non constituée en société ne sont pas incluses dans le calcul des pertes nettes cumulatives sur placements.

Si vous possédez une société, vous devriez considérer recevoir, avant le 31 décembre 1994, des dividendes ou des intérêts de la société afin de réduire ou d'éliminer le montant des pertes nettes cumulatives sur placements.

Vous devriez consulter votre conseiller fiscal, puisque ces stratégies de planification comportent de nombreux éléments dont il faut tenir compte.

Gains et pertes en capital

Les remarques suivantes concernent tous les contribuables, plus particulièrement ceux qui seront imposés sur leurs gains en capital ou qui ont subi des pertes en capital.

Les pertes en capital déductibles autres que les « pertes déductibles au titre d'un placement d'entreprise » (voir ci-dessous) annulent les gains en capital imposables de l'année. Les pertes inutilisées peuvent être reportées sur les trois années antérieures ou indéfiniment pour annuler les gains en capital imposables sur les années ultérieures. Vous pouvez désormais choisir l'année au cours de laquelle des pertes reportées peuvent être réclamées ainsi que le montant des pertes réclamées. Cela permet de réclamer en premier lieu les déductions et les crédits qui ne peuvent être reportés à une autre année, comme le crédit d'impôt pour dividendes.

Vous devez reporter les pertes sur transfert de biens à une société (contrôlée par vous ou par votre conjoint) jusqu'à la vente des actions que vous détenez dans la société. Le fisc refuse les pertes sur transfert de biens à votre REER, votre FERR ou au REER de votre conjoint. Pour bénéficier immédiatement de la déduction de la perte, vous devez vendre les biens, subir la perte et, ensuite, transférer ou investir de nouveau le produit, en prenant soin d'éviter les règles relatives aux pertes apparentes (voir ci-dessous).

Date de règlement

Le moment de la vente de titres par l'intermédiaire d'un courtier a lieu ordinairement au « jour de livraison », soit cinq jours ouvrables après la date où l'ordre de vente a été donné en ce qui concerne les Bourses canadiennes. En conséquence, pour qu'elle soit considérée réalisée en 1994, l'opération doit avoir lieu au plus tard le 21 décembre. Toutefois, vous avez jusqu'au 31 décembre 1994 s'il s'agit d'une vente au comptant, c'est-à-dire lorsque le paiement et la remise des certificats d'actions s'effectuent immédiatement.

Perte apparente

Vous ne pouvez pas déduire une perte en capital sur un bien que vous avez en fait l'intention de conserver. Cette règle s'applique également lors de l'acquisition d'un tel bien par votre conjoint ou par une société que vous contrôlez. Ainsi, il y a perte apparente lorsqu'un bien est vendu à perte, qu'un bien identique est acheté dans une période de 30 jours précédant ou suivant la vente et qu'il est toujours détenu à la fin du 30e jour suivant la première vente.

L'acquéreur est tenu d'ajouter le montant de la perte au prix de base du bien et le vendeur se voit refuser la perte en question. Cette règle ne s'applique pas si le bien est acheté par vos enfants ou vos parents.

Biens identiques

Les immobilisations d'un même genre sont assujetties à des règles spéciales portant sur les « biens identiques ». Les actions d'une même catégorie ou les obligations ayant presque les mêmes caractéristiques émises par la même société constituent des « biens identiques ». Ces éléments d'actif sont « groupés » et perdent leur identité propre.

Si vous achetez 200 actions à 8 $ chacune et que, par la suite, vous achetez 100 autres actions identiques à 11 $ chacune, le coût réputé de ces actions sera, aux fins d'impôt, de 9 $ l'action (2 700 $ ÷ 300). Si vous vendez le lendemain les 100 actions achetées à 11 $ chacune au même prix que vous les avez payées, vous réaliserez alors un gain en capital de 2 $ par action; la fraction imposable de ce gain que vous devrez inclure dans votre revenu s'élèvera donc à 150 $ (200 $ × 3/4).

Pertes au titre d'un placement d'entreprise

Sont considérés comme des pertes au titre d'un placement d'entreprise : les pertes subies lors de la vente d'actions ou de créances d'une société exploitant une petite entreprise (telle que définie par la loi). Une perte au titre d'un placement d'entreprise peut servir à diminuer le revenu de toutes autres provenances.

Les actions ou les créances doivent être cédées à une personne avec laquelle vous n'avez pas de lien de dépendance. Les actions sont également considérées comme vendues si la société est en faillite (et également dans certaines circonstances où la société a cessé d'exploiter une entreprise), tandis que les créances le sont dans les cas où l'impossibilité de les recouvrer est clairement établie.

Les trois quarts de cette perte, soit la « perte déductible au titre d'un placement d'entreprise », sont traités comme une perte autre qu'en capital, de la même façon qu'une perte d'entreprise. En d'autres termes, vous devez déduire la partie déductible de la perte de votre revenu de toute provenance pour l'année. Les pertes inutilisées peuvent être reportées sur les trois années d'imposition précédentes ou sur les sept années suivantes. Le revenu de l'année où la perte a été subie doit être réduit à zéro avant que vous puissiez reporter ces pertes, ce qui signifie que vous ne pourrez pas vous prévaloir de vos crédits d'impôt personnels cette année-là. Toutefois, vous avez la possibilité de décider du montant du report que vous voulez réclamer au cours d'une année donnée. Après la période de report prospectif sur sept ans, les pertes admissibles qui n'ont pas été utilisées comptent comme des pertes en capital ordinaires et peuvent être reportées indéfiniment, mais uniquement pour annuler des gains en capital.

Les pertes au titre d'un placement d'entreprise subies au cours d'une année d'imposition ultérieure à 1985 sont considérées comme des pertes en capital normales et ne bénéficient pas du traitement spécial décrit ci-dessus, jusqu'à concurrence d'un montant égal aux déductions effectuées dans les années antérieures en vertu de l'exemption cumulative pour gains en capital. En outre, les gains en capital réalisés ne sont pas admissibles à cette exemption jusqu'à concurrence de toute perte antérieure au titre d'un placement d'entreprise subie après 1984.

Provision relative à un produit de vente non exigible

Lorsqu'une immobilisation est vendue, donnant ainsi lieu à un gain en capital, et que le montant total du produit de la vente n'est pas exigible dans l'année, une fraction du gain en capital peut être reportée en demandant une provision pour le produit non exigible. Les montants intégrés chaque année dans le revenu sont traités au même titre que les gains en capital habituels. Les montants inclus au revenu seront fondés sur le taux d'inclusion de l'année pendant laquelle la provision est ajoutée au revenu (et non sur le taux d'inclusion de l'année pendant laquelle le bien a été vendu). Vous pouvez demander une provision inférieure à la provision maximale disponible au cours d'une année. Toutefois, si vous vous prévalez de ce droit, vous ne pourrez plus demander une provision plus importante l'année suivante.

La provision doit généralement être imposée sur une période maximale de cinq ans selon un calcul prévu par la loi. Il est aussi possible de se prévaloir d'une provision sur une période de dix ans,

139

au lieu de cinq ans, lors du transfert d'un bien agricole, des actions d'une société agricole familiale ou des actions d'une société exploitant une petite entreprise, à votre enfant, petit-enfant ou arrière-petit-enfant résidant au Canada.

Lorsque la provision est incluse dans le revenu, elle est admissible à l'exemption à vie de 500 000 $ pour gains en capital, à condition que la vente des biens admissibles ait eu lieu après 1984.

ATTENTION

Pour les biens admissibles seulement à l'exemption de 100 000 $, l'inclusion de la provision dans le revenu donne droit à cette exemption, mais 1994 est la dernière année où cela est possible.

Dividendes

Aux fins de l'impôt, les dividendes sont majorés de 25 % et le crédit d'impôt fédéral pour dividendes correspond à 16,67 % des dividendes en espèces reçus (11,08 % aux fins de l'impôt du Québec). Le tableau de la page suivante illustre l'imposition d'un contribuable du Québec qui réalise 1 000 $ de dividendes en 1994. On suppose que ce contribuable a un taux marginal maximum d'imposition, que son impôt fédéral excède 12 500 $ et que son impôt du Québec excède 10 000 $.

Un particulier résidant au Québec qui ne réclame aucune déduction pour personne à charge peut recevoir environ 11 000 $ en dividendes en 1994 sans payer d'impôt, à condition qu'il s'agisse de son seul revenu.

Intérêts

Auparavant, le revenu d'intérêts, cumulé dans l'année mais non perçu, pouvait n'être déclaré qu'à tous les trois ans. Pour tous les placements acquis après 1989 et portant intérêt, le revenu d'intérêts doit être déclaré annuellement. Si vous détenez des placements acquis avant 1990 pour lesquels l'intérêt s'accumule mais n'est pas versé, vous pouvez toujours déclarer le revenu d'intérêts à tous les trois ans plutôt qu'annuellement (voir chapitre 3).

Dividendes en espèces	1 000 $
Majoration	250
Dividendes imposables	1 250
Impôt fédéral (29 %)	363
Crédit d'impôt pour dividendes	(167)
	196
Abattement provincial (16,5 % × 196 $)	(32)
Surtaxes	16
Impôt fédéral	180
Impôt provincial (24 %)	300
Crédit d'impôt pour dividendes	(111)
	189
Surtaxes	19
Impôt provincial	208
Total de l'impôt	388
Montant disponible après impôt	612 $

Investissement dans les abris fiscaux

Plusieurs Canadiens bénéficiant d'un revenu élevé se sont rendu compte, à leurs dépens, que l'aspect le plus important d'un abri fiscal, c'est sa valeur de placement et non les économies immédiates d'impôt qui en découlent. Le fait d'obtenir une déduction fiscale pour les fonds que vous investissez dans un abri fiscal est une piètre consolation si vous finissez par perdre ces fonds parce qu'il s'agit

L'aspect le plus important d'un abri fiscal, c'est sa valeur de placement et non les économies immédiates d'impôt qui en découlent.

d'un mauvais placement. Si vous envisagez d'investir dans un abri fiscal, vous seriez avisé de consulter un spécialiste avant de risquer vos fonds et votre tranquillité d'esprit.

Sociétés en commandite

Les crédits d'impôt à l'investissement et les pertes que peuvent réclamer les commanditaires sont généralement limités à la fraction de leur participation dans la société qui comporte un risque. Ces règles ne s'appliquent pas à certaines sociétés en commandite déjà constituées le 25 février 1986. Dans le cas d'un premier acquéreur, cette « fraction à risque » correspond en général au prix de base rajusté de sa participation dans la société en commandite à la fin de l'année, plus sa part du bénéfice de la société pour l'année. Ce montant est réduit de toute somme à payer à la société ou de toute garantie ou indemnité accordée au commanditaire en vue de le protéger contre la perte de son placement. En dépit de ces règles sévères, la société en commandite présente souvent des avantages en matière de financement et de limitation des risques. Des modifications ont été proposées dans le budget fédéral de 1994 quant à l'utilisation de sociétés en commandite comme moyen de reporter des impôts. L'attribution des pertes de la société en commandite ou le retrait de fonds pouvaient entraîner un report d'impôt. Le prix de base négatif qui résultera des nouvelles règles proposées sera considéré comme un gain en capital du commanditaire pour l'année au cours de laquelle le prix de base devient négatif.

Exploration minière et secteurs pétrolier et gazier

Grâce aux actions accréditives, toutes les déductions et tous les crédits d'impôt qui sont reliés à la prospection minière, pétrolière et gazière sont transférés directement aux actionnaires.

Immeubles résidentiels à logements multiples (IRLM)

À compter de 1994, les IRLM sont considérés comme n'importe quel bien de location détenu par des personnes qui n'exploitent pas de façon active une entreprise dans le secteur immobilier. Par conséquent, la déduction pour amortissement fiscal ne peut servir qu'à annuler le revenu de location, et non à créer une perte déductible des autres types de revenu.

Films canadiens

La déduction pour amortissement à l'égard de votre investissement dans la production d'un film canadien s'élève à 30 % par année, selon la méthode de l'amortissement dégressif à taux constant (la règle de la demi-année ne s'applique pas). Une autre déduction est accordée lorsque le revenu annuel tiré de productions cinématographiques canadiennes est suffisant. Cette mesure s'applique en général aux placements acquis après 1987. Le budget fédéral de 1994 a prévu de nouvelles règles qui permettront de réduire les abus relatifs à ces investissements. Ainsi, l'avantage des déductions pour amortissement à l'égard d'un film canadien visant à créer des pertes sera réduit du montant de toute dette convertible contractée dans le but de réduire l'effet des règles de la fraction à risque.

Exploitation agricole

Certains types d'exploitation agricole peuvent constituer un abri fiscal intéressant. Cependant, plusieurs règlements de la législation fiscale, y compris un rajustement obligatoire au titre des stocks, ont rendu plus difficile la création de pertes résultant d'une exploitation agricole pour compenser le revenu provenant d'autres sources. De plus, la plupart des contribuables sont assujettis aux règles concernant les pertes agricoles restreintes qui limitent à 8 750 $ le montant des pertes agricoles déductibles au cours d'une année donnée.

Les biens agricoles peuvent aussi être un abri fiscal intéressant en raison de l'exemption pour gains en capital de 500 000 $ ayant trait aux biens agricoles admissibles. Vous n'êtes pas nécessairement obligé d'être un agriculteur à plein temps pour profiter de cette exemption.

Abris fiscaux à l'échelle provinciale

Plusieurs provinces ont établi des programmes en vue de favoriser les investissements dans certaines régions ou dans des secteurs particuliers de l'industrie. Certaines provinces possèdent des régimes d'épargne-actions qui allouent des crédits d'impôt aux investisseurs. Certaines d'entre elles offrent également des programmes destinés à encourager les placements dans les petites et les moyennes entreprises.

CHAPITRE 8

Société privée de type propriétaire exploitant

Avez-vous songé à incorporer votre entreprise ?

Pourquoi pas un salaire au conjoint ou aux enfants ou au profit des deux ?

Maintenir si possible le revenu de la société en dessous du seuil de 200 000 $.

Établir une juste combinaison de salaire-dividendes.

Votre société se qualifie-t-elle à titre de petite entreprise pour l'exonération supplémentaire de 400 000 $ au titre de gain en capital ?

Il est important de maintenir en tout temps le statut de corporation admissible.

L e régime fiscal canadien tend à favoriser l'exploitation de petites entreprises constituées en sociétés. Si vous possédez votre propre entreprise, vous devez choisir entre l'exploitation dans le cadre d'une entreprise constituée en société ou dans celui d'une entreprise qui ne l'est pas. Dans les deux cas, les calculs relatifs au revenu et aux déductions demeurent essentiellement les mêmes. Toutefois, il existe des différences qui sont à l'avantage des entreprises constituées en sociétés, tant du point de vue de l'imposition que de celui des possibilités de planification qu'elles offrent. Pour de plus amples détails en ce qui concerne le revenu, les déductions, etc., reportez-vous aux chapitres pertinents.

Définition d'une société

Une société est une personne morale constituée en vertu de la loi et qui présente les caractéristiques suivantes :

1 il s'agit d'une entité juridique distincte ayant une continuité d'exploitation et qui est habilitée à acheter, vendre, engager des employés, emprunter, prêter et détenir des biens ;

2 elle agit par l'intermédiaire de personnes physiques ;

3 des actionnaires, qui peuvent également être des employés, y détiennent des participations ;

4 les bénéfices qu'elle génère sont distribués aux actionnaires sous forme de dividendes imposables pour chacun des bénéficiaires ;

5 il s'agit d'une entité imposable distincte qui doit produire des déclarations de revenus et acquitter ses impôts.

Ce que vous devez savoir sur l'imposition des sociétés

Lorsque vous exploitez une entreprise à titre de propriétaire unique, vous déclarez votre revenu tiré de l'entreprise dans votre déclaration de revenus personnelle, comme l'indique le chapitre 2. Par contre, lorsqu'il s'agit d'une société, celle-ci doit produire sa propre déclaration de revenus et verser ses acomptes provisionnels d'impôt. Vous n'aurez à inclure le revenu provenant de votre société dans votre déclaration de revenus personnelle que lorsque vous toucherez un salaire, des dividendes, des intérêts ou toute autre forme de revenu provenant de celle-ci.

Comme c'est le cas pour les particuliers, la structure des taux d'imposition des sociétés varie en fonction de la province où le revenu est gagné mais, en plus, elle varie selon le genre et le montant du revenu réalisé.

Le taux de base de l'impôt fédéral sur le revenu des sociétés est de 38 %. Il baisse à 28 % sur les revenus de la société réalisés au Canada, et ce, afin de tenir compte de l'imposition provinciale. Une autre réduction du taux de base s'applique aux revenus provenant d'activités de fabrication et de transformation se déroulant au Canada. La déduction est de 7 % depuis le 1er janvier 1994 et permet ainsi de réduire le taux de l'impôt fédéral à 21 %. Toutefois, une surtaxe fédérale de 3 % s'applique sur le taux de 28 % et fait grimper le taux de l'impôt fédéral sur le revenu à 28,84 %, sans tenir compte de la déduction à l'égard de la fabrication et de la transformation, et à 21,84 % en tenant compte de cette déduction.

Des avantages fiscaux particuliers sont consentis aux **sociétés privées sous contrôle canadien** (SPCC). De façon sommaire, une SPCC est une société résidant au Canada et dont le contrôle est détenu par des résidents canadiens (autres que des sociétés publiques). En général, il y a contrôle lorsque des résidents canadiens détiennent plus de 50 % des droits de vote de la société. Toutefois, tel n'est pas toujours le cas. Lorsqu'une personne possède une influence directe ou indirecte dont l'exercice entraînerait le contrôle de fait de la société, cette personne sera considérée comme possédant le contrôle de la société. Mentionnons, à titre d'exemple, le cas d'une personne qui détiendrait 49 % des votes d'une société. Cette personne pourrait être considérée comme exerçant le contrôle si les autres 51 % étaient largement répartis entre les nombreux employés de ladite société ou détenus par des personnes qu'il est raisonnable de considérer comme agissant conformément aux vœux de la personne détenant 49 % des votes. Une SPCC est admissible à la réduction du taux d'impôt fédéral (la « déduction accordée aux petites entreprises ») sur un maximum annuel de 200 000 $ de revenu tiré d'une entreprise exploitée activement. Si l'année d'imposition de la société est inférieure à 12 mois, ce montant doit être établi au prorata. Depuis le 1er juillet 1994, la réduction du taux d'impôt fédéral peut s'appliquer sur un revenu inférieur à 200 000 $ ou être complètement annulée si le capital imposable de la société et des sociétés associées pour l'année précédente excède 10 millions de dollars.

Il est important de noter également qu'il doit s'agir de « revenu tiré d'une entreprise exploitée activement ». Par exemple, si vous constituez une société pour détenir votre portefeuille de placements, vous ne serez pas admissible à la déduction accordée aux petites entreprises puisque votre revenu ne provient pas d'une entreprise exploitée activement.

Afin d'empêcher les contribuables d'abuser de la déduction accordée aux petites entreprises en créant plusieurs sociétés, les sociétés associées entre elles doivent se partager le plafond annuel de 200 000 $. En général, les sociétés associées sont des sociétés dont le contrôle est détenu par la même personne ou le même groupe de personnes. Par conséquent, il n'est pas possible de créer plusieurs sociétés et de se prévaloir des avantages de la déduction à l'égard d'un montant annuel de 200 000 $ pour chacune des sociétés.

La déduction accordée aux petites entreprises est de 16 %. Il n'est pas possible de se prévaloir de la déduction à l'égard des activités de fabrication et de transformation sur la partie du revenu admissible à la déduction accordée aux petites entreprises. Par conséquent, si votre société est une SPCC réalisant un revenu tiré d'une entreprise exploitée activement dans une province canadienne, le taux de l'impôt fédéral applicable à la première tranche de 200 000 $ de revenu imposable est de 12 %. Lorsqu'on ajoute la

148

surtaxe fédérale de 3 % (sur 28 %), le taux de l'impôt fédéral s'élève à 12,84 %.

Toutes les provinces prélèvent des impôts sur le revenu. Le taux de l'impôt provincial varie selon les provinces (entre 0,0 % et 17 %), selon que la société peut se prévaloir d'une déduction à l'égard des activités de fabrication et de transformation, d'une déduction accordée aux petites entreprises, ou que la société est temporairement exonérée d'impôt (généralement dans le cas d'une nouvelle société). Le taux d'impôt fédéral et provincial combiné peut donc varier de façon significative selon le cas.

Un impôt fédéral est prélevé au taux de 0,2 % sur le capital d'une grande société dépassant 10 millions de dollars employé au Canada par la société. Compte tenu du seuil minimum, la majorité des petites entreprises ne sont pas touchées par cet impôt supplémentaire. L'impôt sur les grandes sociétés n'est pas admis en réduction du calcul du revenu d'une société. La surtaxe de 3 % due par les grandes sociétés est cependant portée en réduction de leur impôt sur le capital exigible.

Report de l'impôt

Le taux d'impôt provincial et fédéral combiné des petites entreprises se situe entre 17,84 % et 22,84 %, selon la province. Au Québec, ce taux est de 18,59 % depuis le 1er juillet 1992. Lorsqu'on compare ces taux avec ceux des particuliers, on constate que le taux accordé aux petites entreprises est de beaucoup inférieur.

Si vous exploitez une entreprise non constituée en société, vous devez déclarer votre revenu provenant d'une entreprise dans votre déclaration de revenus personnelle dès que vous l'avez gagné. Vous calculerez ainsi l'impôt sur votre revenu d'entreprise en utilisant votre taux marginal d'impôt personnel. Si vous décidez de constituer votre entreprise en société, l'impôt immédiat peut se limiter à celui qui est payable par la société. Vous ne paierez un impôt personnel que sur la partie des bénéfices de votre société que vous retirerez sous forme de salaire ou de dividende. Vous êtes ainsi en mesure de reporter votre impôt personnel sur la partie des bénéfices qui n'est pas distribuée mais qui demeure dans la société.

Par exemple, si vous résidez au Québec et que vous gagnez un revenu de 1 000 $, vous paierez environ 530 $ d'impôt personnel au taux marginal le plus élevé. Par conséquent, il vous reste 470 $ à réinvestir dans l'entreprise. Lorsque ce revenu est généré par une société et qu'il est admissible à la déduction accordée à une petite entreprise, la société versera environ 185 $ en impôt ; elle pourra ainsi réinvestir 815 $. Aucun impôt personnel ne sera exigible avant la répartition des bénéfices aux actionnaires. D'après cet exemple, la somme de 345 $ (530 $ – 185 $) d'impôt pourra être reportée.

Création de la société

En règle générale, vous pouvez transférer les biens utilisés dans une entreprise individuelle à une société sans aucune incidence fiscale, sous réserve de certaines restrictions. En contrepartie, la société devra vous émettre des actions. Vous opterez peut-être pour qu'une partie de votre placement dans la société soit sous forme de dette plutôt que d'actions. Si c'est le cas, vous serez en mesure de retirer des bénéfices de la société à titre d'intérêts, lesquels sont déductibles dans le calcul du revenu de la société. Vous pourrez également retirer des bénéfices sous forme de dividendes.

Imposition des sommes reçues de la société

Lorsque vous encaissez des montants provenant de la société, le traitement fiscal varie selon la nature du montant. Vous devez inclure dans votre revenu la totalité du salaire que vous gagnez à titre d'employé de la société dans l'année durant laquelle vous l'avez reçu. Si vous avez contribué à financer en partie votre société en lui accordant des prêts, vous devez également inclure dans votre revenu les revenus d'intérêt. Par ailleurs, si vous louez des biens à la société, le revenu de location que vous en tirez doit aussi être compris dans votre revenu de l'année où vous l'avez reçu. Toutes ces formes de versements sont par ailleurs déductibles dans le calcul du revenu de la société pourvu qu'elles soient engagées en vue de gagner un revenu. À certaines conditions, vous pourrez bénéficier d'un report d'impôt sur ces versements, c'est-à-dire que la déduction pourra être réclamée dans le calcul du revenu de la société avant même de payer l'impôt personnel sur ces versements.

Cette méthode de report comporte toutefois certaines restrictions quant au délai dont bénéficie la société pour effectuer le paiement des dépenses comptabilisées.

Il est aussi possible d'effectuer certains reports en versant des salaires et des bonis. Dans ce cas, afin de se prévaloir de la déduction dans l'année au cours de laquelle les salaires ou les bonis ont été engagés, la société doit verser ces sommes avant le 180e jour suivant la fin de son exercice. Vous devez inclure ces sommes dans votre revenu de l'année au cours de laquelle elles ont été versées. Cependant, si l'exercice de la société se termine après le 5 juillet (par exemple, le 31 juillet), le versement des sommes pourra avoir lieu dans l'année civile suivante tout en respectant la limite des 179 jours. Vous pourrez ainsi bénéficier d'un report de l'impôt de six mois.

Intégration

Bien que vous déteniez la totalité ou la quasi-totalité des actions d'une société, votre société et vous représentez deux contribuables distincts.

La société s'acquitte de l'impôt sur le revenu lorsque les bénéfices sont réalisés. Lorsque celle-ci distribue ses bénéfices après impôt sous forme de dividendes, ils sont inclus dans votre revenu et la société ne bénéficie pas d'une déduction dans le calcul de son revenu. Par conséquent, les bénéfices générés par l'entremise d'une société sont imposés deux fois : lorsque la société les réalise et lorsqu'ils sont distribués aux actionnaires à titre de dividendes.

Afin d'alléger cette double imposition, les systèmes fiscaux des particuliers et des sociétés sont intégrés. Pour ce faire, le dividende reçu par l'actionnaire est majoré en vue de le rapprocher du montant réalisé avant impôt par la société. Un crédit d'impôt est ensuite accordé à l'actionnaire, selon un mode de calcul préétabli, pour l'impôt déjà payé par la société.

Par conséquent, si vous recevez un dividende de votre société, il sera inclus dans votre revenu. Vous devrez également inclure dans votre revenu un pourcentage supplémentaire de 25 % du dividende. Ce montant constitue la majoration du dividende.

Après avoir calculé votre impôt sur le revenu fédéral (avant le calcul de la surtaxe de 8 % en 1994), vous bénéficierez d'un crédit d'impôt pour dividende équivalant aux deux tiers de la majoration du dividende. Aux fins de l'impôt du Québec, le crédit d'impôt pour dividendes correspond à 44 % de la majoration du dividende.

Exemple :

Dividende reçu	100,00 $
Majoration du dividende (25 % × 100 $)	25,00
Revenu	125,00 $
Impôt fédéral à 29 % (maximum)	36,25 $
Crédit d'impôt pour dividende (2/3 × 25 $)	(16,67)
	19,58
Surtaxe fédérale (8 % × 19,58 $))	1,57
Abattement du Québec (16,5 % × 19,58 $))	(3,23)
Impôt fédéral total	17,92
Impôt du Québec à 24 % (maximum)	30,00
Crédit d'impôt pour dividende (44 % de 25 $)	(11,08)
	18,92
Surtaxe provinciale (10 % × 18,92 $)	1,89
Impôt du Québec	20,81
Total de l'impôt personnel sur le dividende	38,73 $

Le principe d'intégration est conçu dans le but d'obtenir un niveau d'imposition similaire pour un particulier qui gagne un revenu d'entreprise directement et un autre particulier qui touche un dividende d'une société bénéficiant de la déduction accordée aux petites entreprises. Afin d'obtenir une intégration parfaite, le taux combiné des sociétés devrait être de 20 %, tandis que la tranche d'imposition maximale d'un particulier au niveau fédéral devrait être de 29 %, ne comporter aucune surtaxe, et l'impôt provincial devrait correspondre à 50 % de l'impôt fédéral. Dans de telles conditions, il n'y aurait aucun écart d'impôt, que le revenu d'entreprise soit gagné par l'entremise d'une société ou directement, comme l'indique le tableau ci-dessous.

	Revenu gagné directement	Revenu gagné par l'entremise d'une société
Revenu de la société		100,00 $
Impôt de la société		20,00
Bénéfice après impôt		80,00 $
Revenu d'un particulier		
Bénéfice de l'entreprise	100,00 $	
Dividende		80,00 $
Majoration du dividende (25 % × 80 $)		20,00
Revenu imposable	100,00 $	100,00 $
Impôt fédéral au taux de 29 %	29,00 $	29,00 $
Crédit d'impôt pour dividendes (2/3 × 20 $)		(13,30)
Impôt provincial au taux de 50 %	14,50	7,80
Total de l'impôt personnel	43,50	23,50
Impôt de la société		20,00
Total de l'impôt sur un revenu de 100 $	43,50 $	43,50 $

Dans la mesure où les taux d'imposition diffèrent de ces taux hypothétiques, les impôts payables au total seront différents selon que le revenu est gagné directement par le particulier ou par l'entremise d'une société. Si les taux d'impôt des sociétés ou les taux d'impôt des particuliers sont inférieurs aux taux hypothétiques en question, le total de l'impôt payé sur le revenu gagné par l'entremise d'une société sera probablement inférieur au total de l'impôt payé sur le revenu gagné directement. Dans le cas où les taux d'impôt des sociétés s'avèrent supérieurs à ceux des sociétés exploitant une petite entreprise, la double imposition, au niveau de la société et du particulier, résultera en un impôt total plus élevé que si l'imposition n'existait qu'au niveau du particulier.

Entreprise constituée en société : avantages et inconvénients

Le meilleur choix entre l'exploitation d'une entreprise par l'entremise d'une société ou directement par un particulier dépend en grande partie de la nature des activités et du revenu réalisé. Afin de déterminer l'avantage fiscal dont vous pourriez bénéficier, vous devez examiner les écarts entre les taux des sociétés et ceux des particuliers de la province dans laquelle les activités sont menées. **En général, les sociétés se révèlent plus avantageuses lorsqu'il s'agit d'une société privée sous contrôle canadien (SPCC) produisant un revenu imposable de 200 000 $ ou moins.**

Les six principaux avantages fiscaux ou autres reliés à la constitution d'une entreprise en société sont les suivants :

1 Responsabilité limitée
En raison du caractère distinct de la société, les actionnaires ne peuvent être tenus personnellement responsables des dettes de la société ou de tout autre élément de son passif. Les petites entreprises ne bénéficient pas nécessairement de cet avantage puisqu'il est courant pour les banques et les autres institutions d'exiger des garanties personnelles lorsqu'elles accordent des prêts à ces entreprises. Par contre, votre responsabilité demeure limitée dans le cas de poursuites judiciaires, à moins que vous ne soyez vous-même négligent.

2 Possibilités d'épargne et de report d'impôt
Comme nous l'avons mentionné précédemment, les sociétés offrent, au point de vue fiscal, des possibilités d'épargne et de report d'impôt. Ces possibilités varient dans chaque cas, selon les différences qui existent entre les taux d'impôt des sociétés et ceux des particuliers.

3 Fractionnement du revenu et planification successorale
L'entreprise constituée en société rend possible l'application de techniques de fractionnement du revenu et de planification successorale que ne peut offrir une entreprise

non constituée en société. Les chapitres 4 et 10 traitent de ce sujet.

4 Nivellement du revenu

Vous pouvez effectuer un nivellement de votre revenu personnel en exerçant un contrôle sur votre salaire et vos dividendes. Ceci vous permettra d'éviter des périodes où le revenu est élevé ou faible, notamment lorsqu'il s'agit d'une entreprise dont les bénéfices varient d'une année à l'autre.

5 Régimes de pension

Un actionnaire qui est également employé de la société peut participer au régime de pension agréé (RPA) de la société. Un propriétaire d'entreprise non constituée en société ne peut participer à un RPA. Malgré la hausse des plafonds de cotisations à l'égard des régimes enregistrés d'épargne-retraite (voir chapitre 6), les plafonds des cotisations pour les RPA peuvent être plus élevés, et ce, jusqu'à ce que le système d'épargne pour la retraite soit complètement mis en vigueur. La structure de la société offre donc un avantage supplémentaire à cet égard. Vous pouvez également vous prévaloir de régimes collectifs d'assurance temporaire sur la vie ou de régimes d'assurance-maladie ou d'assurance-accidents, lorsque vous êtes employé de votre entreprise constituée en société. Si votre entreprise n'est pas constituée en société, vous ne pouvez bénéficier de ces régimes.

6 Exemption pour gains en capital

L'existence d'une société permet de bénéficier d'une exemption pour gains en capital lors de la vente des actions de la société exploitant l'entreprise. En effet, les détenteurs d'actions d'une société exploitant une petite entreprise peuvent se prévaloir d'une exemption pour gains en capital maximale de 500 000 $. Il est à noter que cette exemption comprend l'exemption pour gains en capital de base de 100 000 $ abolie le 22 février 1994 à l'égard des autres genres de biens.

Une société exploitant une petite entreprise est avant tout une SPCC qui utilise en totalité ou presque ses biens (selon Revenu

Canada, 90 % et plus) aux fins d'une entreprise exploitée active-ment au Canada. Les actions d'une société de portefeuille cana-dienne sont également admissibles lorsque la majeure partie de ses biens est constituée d'actions de sociétés exploitant une petite entreprise. Afin d'être admissible à l'exemption de 500 000 $, la société doit se définir comme une société exploitant une petite entreprise au moment de la vente, et les actions ne doivent pas avoir été détenues par une personne autre que le vendeur, ou par des personnes qui lui sont liées, dans les 24 mois précédant la vente. De plus, au cours de cette période de 24 mois, la juste valeur marchande des biens de la société doit être constituée à plus de 50 % de biens utilisés dans le cadre d'une entreprise exploitée activement principalement au Canada. Une société de portefeuille doit remplir des conditions plus sévères pour se qualifier comme société exploitant une petite entreprise.

Les trois principaux inconvénients d'une entreprise constituée en société sont les suivants :

1 Pertes
Il est impossible de se servir des pertes de la société afin de réduire le revenu d'un particulier. Lorsque vous subis-sez des pertes dans une entreprise non constituée en société, vous pouvez les utiliser afin d'annuler le revenu provenant d'autres activités. Puisque la société représente une entité distincte, son revenu (de même que ses pertes) ne peut être inclus directement dans votre déclaration de revenus personnelle. Par conséquent, vous ne pouvez déduire de telles pertes à l'encontre de vos autres revenus personnels. Si la société génère un revenu, au cours d'une autre année, les pertes pourront servir à le réduire ou à l'annuler (les pertes d'entreprise de la société peuvent être reportées sur les trois années antérieures et sur les sept années ultérieures à l'encontre du revenu de la société). Si votre société accuse une perte, celle-ci peut être ajustée en réduisant votre salaire et en y substituant un dividende.

2 Frais de constitution en société
Il est important de tenir compte de certains frais addition-nels lorsque vous constituez votre entreprise en société, notamment les frais initiaux lors de la préparation des documents juridiques.

⬛ Taxe sur le capital

Il existe depuis quelques années un impôt fédéral spécial du même type que la taxe sur le capital qui est payable à certaines provinces depuis plusieurs années. L'assujettissement à cet impôt spécial du gouvernement fédéral est généralement nul ou considérablement réduit pour les petites entreprises puisqu'il s'applique uniquement lorsque le capital employé par la société au Canada excède 10 millions de dollars.

Société de type propriétaire exploitant : planification

Vous devez reconsidérer plusieurs éléments de planification lorsque vous constituez votre entreprise en société. Au moment d'établir votre planification, vous devez tenir compte des facteurs non reliés directement à la fiscalité. Vous devez analyser vos besoins de liquidités ainsi que ceux de la société. De plus, vous devez examiner toutes vos sources de revenu ainsi que votre situation quant aux revenus de placement, aux gains en capital et aux pertes sur placement. Vous devez tenir compte de tous ces éléments lorsque vous procédez à la planification fiscale de votre société.

Versement d'un revenu de placement

Les règles relatives à la perte nette cumulative sur placement, dont nous avons traité au chapitre 7, méritent d'être prises en considération dans votre planification. Si vous affichez une perte nette cumulative sur placement, vous voudrez peut-être toucher un revenu en intérêts ou en dividendes de votre société. Ce revenu servirait alors à réduire vos autres pertes sur placement et vous permettrait ainsi d'éviter que votre exemption pour gains en capital soit restreinte.

Salaire versé au conjoint ou à un autre membre de la famille

Vous envisagez peut-être de verser un salaire à votre conjoint ou à un autre membre de la famille. Cependant, le conjoint ou le membre de la famille devra avoir rendu certains services à la société, et ce, dans le cadre d'une véritable relation employeur-employé ; vous devrez en outre être en mesure de justifier le caractère raisonnable du salaire. Celui-ci est considéré comme raisonnable lorsqu'il correspond au salaire qu'une personne avertie aurait versé dans des circonstances analogues, et lorsqu'il est proportionnel aux responsabilités assumées et aux services rendus par l'employé.

En pareil cas, la société bénéficiera d'une déduction pour le versement du salaire, et vous, d'une possibilité supplémentaire de fractionner le revenu. Le versement du salaire peut aussi permettre d'augmenter les cotisations à un régime enregistré d'épargne-retraite en faveur du membre de la famille.

Versement d'un salaire ou d'un dividende

Lorsqu'il s'agit d'une société de type propriétaire exploitant, le choix entre verser un salaire ou verser un dividende au propriétaire exploitant offre des possibilités de planification intéressantes. Le versement d'un salaire permet de réduire l'impôt sur le revenu payable par la société mais il augmente le revenu soumis à l'impôt personnel. Bien que le versement d'un dividende ne permette pas de réduire l'impôt d'une société, le crédit d'impôt pour dividendes permet cependant de payer moins d'impôt personnel que dans le cas d'un salaire. En principe, il n'y a pas vraiment de différence entre verser un salaire ou verser un dividende, pourvu que le revenu imposable de la société (et des sociétés associées) n'excède pas 200 000 $ avant déduction du salaire.

Parallèlement à l'exemple mentionné plus haut sur l'intégration, ce principe se concrétise seulement si le taux combiné de la société est de 20 % et ne comporte aucune surtaxe, si le particulier se situe dans une tranche d'imposition fédérale de 29 % et si ce particulier réside dans une province dont le taux d'imposition correspond à 50 % de l'impôt fédéral. En pareil cas, lorsque le revenu de la société après impôt est versé à l'actionnaire, le total de l'impôt sera identique, peu importe si le revenu est versé en salaire ou sous forme de dividende.

Nous venons de voir comment le système fonctionne en théorie, mais en pratique, il en va autrement. Dans la plupart des provinces, recevoir un salaire et optimiser les cotisations à un

REER se révèlent plus avantageux que de toucher des dividendes. Cependant, ce n'est pas le cas dans toutes les provinces et à l'égard de tous les genres d'entreprises.

En général, il est préférable de tirer le plus de revenus possible de la société jusqu'à ce que le montant net de vos impôts à payer soit égal à l'impôt que la société aurait payé si vous n'aviez pas reçu ce revenu. Selon le cas, la meilleure façon d'y parvenir peut être de vous verser seulement un salaire, ou une combinaison de salaire et de dividendes. Par ailleurs, vous pourrez prêter ces sommes à la société et celle-ci pourra vous les rembourser plus tard en franchise d'impôt.

Les commentaires ci-dessus se rapportent à une société qui réalise un revenu tiré d'une entreprise exploitée activement n'excédant pas 200 000 $. Ainsi, tout son revenu imposable serait admissible à la déduction accordée aux petites entreprises. Dans le cas d'un revenu imposable excédant 200 000 $, la société ne pourrait bénéficier de la déduction accordée aux petites entreprises pour la tranche excédentaire et, par conséquent, le taux d'imposition de la société serait considérablement plus élevé. Il est donc généralement avantageux de maintenir le revenu imposable de la société au-dessous de 200 000 $. La façon la plus courante d'y arriver consiste à vous verser un salaire à titre de propriétaire exploitant. Le salaire en question sera alors compris dans votre revenu dans l'année de l'encaissement. Il faut vous souvenir que vous pouvez dans certains cas vous prévaloir de la déduction au niveau de la société dans l'année précédant celle de l'encaissement du salaire. Ne pas distribuer le revenu de la société peut présenter un certain avantage à cause du report d'impôt ; par contre, il est probable que le total de l'impôt immédiat pour la société et de l'impôt futur de l'actionnaire soit plus élevé que si un salaire était versé.

Lorsqu'un salaire est versé, il est important de maximiser les montants qui peuvent être cotisés au Régime de pension du Canada ou au Régime de rentes du Québec ainsi qu'aux régimes enregistrés d'épargne-retraite. Ces régimes comportent des plafonds de cotisations qui diffèrent en fonction de votre revenu gagné. Par conséquent, même si le revenu de la société est inférieur à 200 000 $, et ce, sans avoir recours à un salaire ou à des bonis supplémentaires, vous souhaiterez peut-être vous verser un salaire suffisant afin de maximiser vos cotisations à de tels régimes.

Il est à noter que le plafond des cotisations à un REER pour une année donnée dépend du revenu gagné de l'année précédente. Par conséquent, votre revenu pour 1994 ne devra pas être inférieur à 80 555 $ si vous voulez verser les cotisations maximales de 14 500 $ à votre REER pour 1995.

Pour que les salaires versés par une société soient déductibles dans le calcul de son revenu, ceux-ci devront être « raisonnables ». La définition de raisonnable est en général une question de faits. Toutefois, l'administration fiscale ne remet habituellement pas en question le montant des salaires ou des bonis versés à un actionnaire dirigeant, pourvu que les retenues d'impôt soient effectuées.

Vente de votre entreprise

Si votre entreprise n'est pas constituée en société et que vous envisagez de la vendre, vous pourriez, dans la majorité des cas, transférer les éléments d'actif à une société et vendre immédiatement les actions de cette société afin de bénéficier de l'exemption pour gains en capital de 500 000 $.

Par contre, si votre entreprise est constituée en société mais n'est pas admissible à titre de société exploitant activement une petite entreprise, il est possible de la rendre admissible en transférant les éléments d'actif non admissibles en franchise d'impôt grâce à une planification adéquate. En règle générale, il faut commencer ce processus bien avant de procéder à la vente de l'entreprise. En effet, il existe une mesure en vertu de laquelle on peut vous refuser le droit de réclamer l'exemption pour gains en capital lors de la vente des actions d'une société si vous avez procédé antérieurement, dans le cadre de la vente, à un transfert, en franchise d'impôt, d'éléments d'actif de la société sur lesquels une plus-value s'était accumulée.

Si vous envisagez de vendre les actions de votre société, vous pourriez accumuler le revenu dans la société afin d'accroître le gain. Il est à noter toutefois que pour continuer d'être admissible à titre de société exploitant activement une petite entreprise, la quasi-totalité (selon Revenu Canada, 90 % et plus) des biens de la société, en fonction de leur juste valeur marchande, doit servir dans le cadre de l'exploitation de l'entreprise de la société. Par conséquent, vous ne pourriez accumuler les bénéfices dans la société pour effectuer des placements qui ne serviraient pas dans l'exploitation de l'entreprise si ces placements constituaient plus de 10 % du total de la juste valeur marchande des biens de la société au moment de la vente (ou plus de 50 % pour les 24 mois précédents). Par contre, vous pourriez utiliser les bénéfices en vue de réduire la dette de la société.

Lors des négociations pour la vente de votre entreprise, il est possible que l'acheteur préfère opter pour l'achat des éléments d'actif plutôt que pour l'achat des actions. L'acquisition de l'actif permettrait à l'acheteur de bénéficier de déductions dans le calcul de son revenu, ce qui ne serait pas possible s'il acquérait les actions. Par contre, vous préférerez vendre les actions en raison de l'exemption pour gains en capital dont vous-même et les membres de votre famille pourriez bénéficier si des mesures préalables avaient été prises quant à la détention des actions.

Possibilité de négociations

En raison de l'exemption pour gains en capital de 500 000 $, il serait avantageux de négocier une entente avec l'achcteur, ce qui permettrait aux deux parties de se partager les avantages fiscaux provenant de l'exemption accrue pour gains en capital.

Planifier en tenant compte des membres de votre famille

Vous pouvez modifier la structure du capital-actions de votre société afin que les membres de votre famille puissent bénéficier d'une participation dans la société s'ils le désirent. Une réorganisation bien planifiée de la structure du capital-actions permet de tirer parti à la fois de possibilités de fractionnement du revenu et de planification successorale. De tels arrangements peuvent permettre une diminution des impôts si la société est vendue, notamment s'il s'agit d'une société exploitant activement une petite entreprise, puisque chaque membre de la famille serait en mesure de bénéficier de l'exemption pour gains en capital de 500 000 $. Toutefois, la réorganisation du capital d'une société comporte des pièges et elle ne devrait pas être réalisée sans les conseils d'une personne avisée.

En résumé, la planification fiscale reliée à votre entreprise peut comporter plusieurs volets comme le fractionnement du revenu, le report d'impôt, l'augmentation de l'exemption pour gains en capital, la planification successorale ainsi que la planification à l'égard de la retraite. De toute évidence, tenter de bénéficier de tous ces éléments de planification se révèle une tâche complexe. Étant donné que nous avons dû nous limiter dans la présentation de ce sujet, nous vous suggérons de consulter un conseiller fiscal afin de procéder à votre propre planification.

Votre automobile et vous

Vous utilisez votre automobile dans le cadre
de votre emploi : avez-vous le choix entre une allocation
ou un remboursement ?

Pouvez-vous réclamer une déduction pour la détention
et le fonctionnement de votre automobile
utilisée pour votre travail ?

Vous pouvez d'abord louer l'automobile
puis l'acheter par la suite.

Un prêt de l'employeur peut être plus avantageux
qu'une allocation.

Remboursez-vous à votre employeur
une partie du coût de l'automobile ?

L e présent chapitre donne un aperçu des principales règles fiscales touchant l'utilisation d'une automobile aux fins d'affaires. Toutefois, étant donné la complexité de ces règles, de nombreuses situations exigeront de faire appel à un spécialiste.

ASPECTS FISCAUX POUR L'EMPLOYÉ – L'EMPLOYÉ FOURNIT LA VOITURE

Allocations et remboursements

Si vous possédez votre propre automobile, votre employeur peut vous offrir divers types d'avantages relatifs à l'utilisation de votre voiture aux fins de votre travail ou à des fins personnelles.

Pour votre employeur, une des possibilités consiste à vous verser une allocation pour automobile. Ce montant peut être calculé de façon à couvrir seulement les frais de détention et de fonctionnement de l'automobile qui sont reliés au travail ou il peut s'intégrer à la rémunération globale (au-delà des frais reliés au travail). Votre employeur peut traiter l'allocation de deux façons. Lorsqu'elle ne constitue pas un montant raisonnable aux fins de votre travail, votre employeur doit la déclarer sur votre feuillet T4 (relevé 1 au Québec) comme un revenu d'emploi pour l'année. Dans ce cas, vous pouvez généralement déduire une fraction des frais engagés si vous utilisez l'automobile aux fins de votre travail, pourvu que votre contrat de travail précise que vous devez utiliser l'automobile dans le cadre de votre emploi et que vous respectiez certains autres critères. L'avantage doit être majoré de 7 % et de

6,5 % pour tenir compte, respectivement, de la taxe sur les produits et services (TPS) et de la taxe de vente du Québec (TVQ) qui doivent être incluses dans l'avantage.

Si, au contraire, l'employeur ne paye que pour les frais engagés dans le cadre de votre travail et que le montant en question constitue une allocation « raisonnable » dans les circonstances, en général, cette allocation ne doit pas être déclarée à titre de revenu imposable par l'employeur.

Une allocation n'est considérée « raisonnable » que si elle se rapporte directement au nombre de kilomètres parcourus dans une année aux fins d'affaires et qu'aucun remboursement n'est perçu pour les frais reliés aux même fins. Pour respecter la première condition, vous devrez peut-être fournir à votre employeur un relevé précis du kilométrage aux fins d'affaires. En ce qui concerne la deuxième condition, l'allocation sera considérée raisonnable même s'il y a un remboursement des frais pour assurance-automobile commerciale supplémentaire, des frais de stationnement, du péage routier et des frais de traversiers, en autant que l'allocation ait été déterminée sans tenir compte de ces dépenses.

Une allocation n'est jugée « raisonnable » que si le taux au kilomètre est raisonnable. Cependant, votre employeur peut vous accorder une allocation supérieure sans l'inclure dans votre revenu imposable si vous êtes en mesure de démontrer que cette allocation est « raisonnable ». Toutefois, votre employeur est limité quant à la déductibilité de l'allocation qu'il vous verse et il ne voudra peut-être pas engager des frais non déductibles. En outre, Revenu Canada considère généralement que le taux de la déduction de l'employeur fixé par règlement représente une allocation raisonnable par kilomètre. Quoi qu'il en soit, vous devriez tenir un relevé des frais de fonctionnement de votre automobile, au cas où vous auriez à justifier l'allocation qui vous est allouée.

Vous devriez tenir un relevé des frais de fonctionnement de votre automobile, au cas où vous auriez à justifier l'allocation qui vous est allouée.

Vous voudrez peut-être envisager la possibilité de remplacer l'allocation par une rémunération imposable. Le cas échéant, vous pourrez au moins déduire une fraction des frais de fonctionnement de l'automobile aux fins d'affaires si vous respectez tous les

165

critères. Dans de nombreux cas, ce recours pourrait vous être avantageux. De plus, aux fins de la TPS et de la TVQ, vous pourriez avoir droit à un remboursement de la taxe payée sur les dépenses déductibles. Pour plus de détails à ce sujet, consultez le chapitre 12.

Le remboursement de frais directs engagés dans l'utilisation de votre automobile aux fins de l'entreprise de votre employeur (par exemple, l'essence utilisée lors d'un voyage précis effectué pour votre travail) ne constitue pas une allocation et ne doit pas être inclus dans le calcul de votre revenu.

Déduction des frais de votre revenu

Admissibilité. Vous avez droit à certaines déductions relatives à la détention et aux frais de fonctionnement de votre automobile lorsque vous l'utilisez dans le cadre de votre travail. Pour être admissible à ces déductions, vous ne devez pas recevoir d'allocation non imposable, et vos conditions de travail (il s'agit en fait de votre contrat de travail, écrit ou non) doivent préciser que vous devez assumer vos propres frais de déplacement. Vous devez aussi être obligé de travailler régulièrement à l'extérieur de la localité ou de la région métropolitaine où est situé l'établissement de votre employeur. Ce dernier doit signer un formulaire (T2200 au fédéral et TP-64.3 au Québec) pour confirmer le fait que vous avez respecté ces conditions et vous devez joindre ce formulaire à votre déclaration de revenus. Si vous réclamez une déduction pour frais de déplacement, toute somme reçue de votre employeur relativement à la détention de l'automobile doit correspondre à une allocation imposable, et tout remboursement des frais de fonctionnement effectué par votre employeur doit être soustrait de la déduction réclamée pour ces mêmes frais.

Les vendeurs de biens ou les personnes qui négocient des contrats pour leur employeur et qui sont rémunérés sous forme de commissions calculées selon le volume de leurs ventes ne peuvent déduire leurs frais d'automobile ou autres que jusqu'à concurrence du montant de telles commissions, sauf si les frais de déplacement constituent les seules dépenses réclamées.

Si vous êtes admissible à la déduction des frais d'automobile, vous pouvez déduire une fraction des coûts réels de détention et de fonctionnement, en proportion de l'utilisation aux fins d'affaires. La déduction est toutefois limitée dans le cas d'automobiles dont le coût dépasse un certain montant qui varie selon la date d'acquisition.

Déductions relatives aux automobiles achetées

Si vous êtes propriétaire de l'automobile que vous utilisez aux fins d'affaires, vous avez droit à une **déduction pour amortissement** (DPA) sur le coût total sujet aux montants maximaux suivants (ci-après appelé le coût maximal prescrit) :

pour les acquisitions :

- après le 31 décembre 1990 : 24 000 $ plus la TPS et la taxe de vente provinciale applicables sur 24 000 $;
- du 1er janvier 1989 au 31 décembre 1990 : 24 000 $ incluant la taxe de vente provinciale ;
- avant le 1er janvier 1989 : 20 000 $ incluant la taxe de vente provinciale.

Si vous avez acquis l'automobile d'une personne avec laquelle vous aviez un lien de dépendance, le coût aux fins de la DPA correspond au moindre du coût maximal prescrit, de la juste valeur marchande immédiatement avant l'acquisition et de la fraction non amortie du coût en capital pour le propriétaire précédent, immédiatement avant qu'il vous cède l'automobile.

La DPA admissible est calculée selon un taux de 30 % (15 % dans l'année d'acquisition – voir ci-dessous) sur le solde dégressif et chaque automobile dépassant le coût maximal prescrit est considérée comme un élément distinct à l'intérieur de la catégorie (10.1) de biens amortissables.

À titre d'exemple, si le coût de votre voiture achetée en octobre 1994 est de 35 000 $, vous êtes assujetti au plafond maximal. Étant donné la règle de la demi-année applicable dans l'année d'acquisition, vous pouvez réclamer 15 % du coût maximal prescrit au cours de cette année. Pour la deuxième année et les années subséquentes, vous pouvez réclamer 30 % de la différence entre le coût maximal prescrit et le montant réclamé antérieurement. Dans l'année où vous vendez la voiture, il n'y aura plus de bien dans la catégorie à la fin de l'année et, par conséquent, aucune DPA ne pourra être calculée. Cependant, la moitié de la DPA qui aurait été permise dans l'année de la vente, si l'automobile était toujours détenue à la fin de l'année, sera déductible.

Vous pouvez également déduire les intérêts d'un emprunt contracté pour acheter l'automobile. La déduction des intérêts est limitée à une moyenne maximale de 300 $ par mois (250 $ pour les automobiles achetées avant le 1er septembre 1989), pour la période au cours de laquelle le prêt n'est pas remboursé.

Les montants limités d'amortissement et d'intérêts, calculés selon les règles qui précèdent, peuvent être réduits encore davantage puisqu'ils ne constituent une dépense admissible qu'en proportion de l'utilisation commerciale de l'automobile, comme nous l'illustrerons ci-après.

Déductions relatives aux automobiles louées

Si vous louez votre automobile, vous pouvez déduire le moindre :

- du coût de location réel ;
- de 650 $ par mois plus la TPS et la taxe de vente provinciale payables sur 650 $, si la location a débuté après 1990 (un montant fixe de 650 $ ou 600 $ par mois pour les locations ayant débuté avant 1991 et avant le 1er septembre 1989, respectivement) ;
- du coût de location réel multiplié par le coût maximal prescrit et divisé par 85 % du prix de détail suggéré par le fabricant. Pour les contrats de location conclus avant 1991, on doit ajouter la taxe de vente provinciale au prix de détail suggéré.

Par exemple, si vous êtes un résident du Québec et si le prix de détail suggéré par le fabricant de votre automobile est de 34 000 $ et que les frais de location mensuels en vertu d'un contrat signé le 1er octobre 1994 sont de 700 $, les frais déductibles sont limités au moindre de 700 $, 741 $ et 672 $ (700 $ × 27 734 $ / 85 % de 34 000 $). La déduction maximale est alors de 672 $.

Notre exemple n'est pas forcément représentatif des conditions applicables à une automobile dont le prix se situe aux environs de 34 000 $.

168

Réductions applicables à l'utilisation personnelle

Les frais de location ou de propriété déductibles, calculés ci-dessus, doivent encore être réduits en les multipliant par le ratio suivant : kilomètres parcourus aux fins d'affaires / total des kilomètres parcourus.

Votre déduction des frais de fonctionnement (essence, réparations et entretien) est limitée dans la même proportion. Il en est également ainsi lorsqu'il s'agit de calculer le remboursement de TPS et de TVQ (à l'égard des frais d'entretien seulement) auquel vous pouvez être admissible.

Aide à l'achat

Votre employeur peut décider de vous faciliter l'achat d'une automobile, par exemple en vous faisant un prêt à taux d'intérêt faible ou nul. Dans un tel cas, les intérêts auxquels votre employeur renonce sont considérés comme un avantage imposable selon le taux d'intérêt fixé par règlement et qui peut varier à tous les trois mois. Par conséquent, votre revenu est augmenté du montant du prêt multiplié par le taux d'intérêt fixé par règlement pour la période durant laquelle le prêt est impayé. On considère cependant que ces intérêts constituent une dépense, et vous pouvez déduire la fraction des intérêts présumés selon le calcul prévu ci-dessus pour les autres dépenses.

Étant donné que vous auriez probablement été soumis à un taux d'intérêt plus élevé que le taux fixé par règlement si vous aviez emprunté l'argent d'une banque, mais que le coût de l'employeur (incluant le revenu de placement qu'il perd) est généralement semblable au taux fixé par règlement, un tel prêt constitue sans doute l'une des meilleures façons d'obtenir un avantage réel à un coût fiscal relativement faible.

ASPECTS FISCAUX POUR L'EMPLOYÉ – LA SOCIÉTÉ FOURNIT LA VOITURE

Si la société met une automobile à votre disposition, vous pourriez être tenu d'inclure plusieurs montants dans votre revenu. Ces montants comprennent un avantage pour droit d'usage (un montant théorique pour tenir compte de la mise à votre disposition d'une automobile), tout avantage que vous recevez de votre employeur pour les frais de fonctionnement à l'égard de votre utilisation personnelle de l'automobile ainsi que les allocations imposables. Tel qu'il est mentionné précédemment, la valeur des avantages ajoutés à votre revenu comprend la TPS et la TVQ. Le montant de la TPS et de la TVQ devra être déclaré par l'employeur comme un avantage imposable sur votre feuillet T4 (relevé 1 au Québec). Le remboursement de frais précis engagés aux fins d'affaires (essence, stationnement, etc.) ne constitue pas un avantage imposable.

Il peut être avantageux pour vous de savoir comment se calcule le montant imposable que déclare l'employeur. Dans certains cas (et en supposant que vous ayez le choix), vous pourriez préférer posséder votre propre véhicule et recevoir une allocation plutôt que de vous servir de la voiture de votre employeur.

Avantages pour droit d'usage

Vous devez inclure dans votre revenu imposable « l'avantage pour droit d'usage » qui correspond plus ou moins à la valeur du bénéfice que vous obtenez en ayant une automobile à votre disposition. Cet avantage est calculé différemment selon que votre employeur possède ou loue l'automobile.

Véhicules acquis par l'employeur

Si votre employeur possède l'automobile, l'avantage pour droit d'usage correspond à 2 % du coût initial de l'automobile (excluant la TPS mais incluant la taxe de vente provinciale pour les automobiles achetées avant 1992) pour chaque mois où l'automobile est mise à votre disposition (24 % pour une année entière). Ces 2 % sont calculés sur le coût total de l'automobile, que ce coût dépasse ou non le coût maximal prescrit. La TVQ ou la taxe provinciale payée entre le 1er janvier et le 1er juillet 1992 est exclue du calcul pour une automobile acquise après 1991.

L'avantage pour droit d'usage peut être réduit lorsque vous utilisez l'automobile presque exclusivement aux fins d'affaires (90 % et plus, selon Revenu Canada) et que votre utilisation personnelle est inférieure à 1 000 kilomètres par mois. Dans ce cas, l'avantage pour droit d'usage se calcule comme suit :

$$\begin{array}{c}\text{avantage}\\\text{calculé}\\\text{par ailleurs}\end{array} \times \dfrac{\text{nombre de kilomètres parcourus à des fins personnelles dans l'année}}{\begin{array}{c}\text{1 000} \times \text{nombre de mois dans l'année où}\\\text{l'automobile est à la disposition de l'employé}\end{array}}$$

À titre d'exemple, si vous ne parcourez que 200 kilomètres par mois pour votre usage personnel et si ce chiffre représente 5 % de l'utilisation totale, vous ne serez imposé que sur 20 % (2 400 km / 12 000 km) de l'avantage pour droit d'usage calculé par ailleurs. Notez que tout déplacement de votre résidence au bureau de votre employeur est considéré comme un usage personnel de l'automobile (non aux fins d'affaires).

Si votre travail consiste principalement à vendre des voitures neuves et d'occasion, votre employeur peut utiliser une autre méthode pour calculer l'avantage pour droit d'usage.

Les règles concernant l'avantage pour droit d'usage s'appliquent aux membres d'une société de personnes comme s'ils étaient des employés.

Véhicules loués par l'employeur

L'avantage pour droit d'usage inclus dans votre revenu lorsque l'automobile est louée par l'employeur correspond aux deux tiers des frais de location (excluant la TPS, la TVQ ou la taxe du Québec payée entre le 1er janvier et le 1er juillet 1992), et tout montant compris dans les frais de location relativement aux réparations et à l'entretien, mais à l'exclusion de l'assurance. (Il faut noter que le coût de l'assurance est inclus dans les frais de fonctionnement pour calculer l'avantage pour frais de fonctionnement et il sera exclu lors du calcul de l'avantage relatif à la TPS et la TVQ.) L'avantage est calculé sur le plein montant de location payé par votre employeur même si ce dernier ne peut déduire ce plein montant.

Vous avez peut-être avantage à ce que votre employeur loue l'automobile au lieu de l'acheter. Les deux tiers des frais de location peuvent correspondre à moins de 24 % du coût, ce qui correspond à l'avantage imposable lorsque l'employeur possède l'automobile. La location permet également que certains frais de service soient inclus dans le contrat de location et résultent en un avantage imposable aux deux tiers seulement.

171

Lorsque votre usage personnel ne dépasse pas 10 % de l'usage total ni 1 000 kilomètres par mois, l'avantage pour droit d'usage peut également être réduit, comme nous l'avons mentionné ci-dessus dans le cas des véhicules achetés.

Remboursement à votre employeur

Si vous remboursez à votre employeur une partie du coût de l'automobile, l'avantage pour droit d'usage autrement inclus dans votre revenu est réduit du montant que vous avez remboursé. Dans le cas d'une automobile louée par l'employeur, vous êtes avantagé puisque vous déduisez la totalité des frais de location remboursés alors que l'avantage imposable ne correspond qu'aux deux tiers du coût de location. Toutefois, parce que le remboursement est imposable pour votre employeur, il ne sera peut-être pas enclin à autoriser une telle pratique de remboursement.

Autres frais liés à la possession et au fonctionnement

Si votre employeur paie également des éléments comme l'assurance, l'immatriculation, l'essence, les réparations et l'entretien, vous bénéficiez peut-être d'un avantage imposable supplémentaire. Cet avantage représente le montant de frais payé par l'employeur multiplié par le ratio des kilomètres parcourus pour votre usage personnel par rapport au total des kilomètres parcourus, moins les remboursements effectués à votre employeur.

Choix à l'égard des frais de fonctionnement

Si vous utilisez l'automobile principalement pour votre travail, vous pouvez choisir d'inclure dans votre revenu, à l'égard des frais de fonctionnement payés par votre employeur, un montant correspondant à la moitié de l'avantage pour droit d'usage. Ce calcul remplace le montant qui serait inclus d'après les frais réels payés par l'employeur. Revenu Canada a indiqué de façon non officielle qu'à cette fin, « principalement » signifie plus de 50 %. Si vous décidez de vous servir de cette méthode, vous devriez aviser votre employeur par écrit avant la fin de l'année en question pour lui indiquer que vous avez opté pour ce choix.

Si vous n'utilisez pas l'automobile principalement pour votre travail ou si vous décidez de ne pas vous prévaloir du choix ci-dessus, une autre méthode peut aussi être utilisée pour calculer l'avantage imposable relié à l'utilisation personnelle de l'automobile. Cet avantage équivaut simplement à 12 cents par kilomètre parcouru à des fins personnelles, y compris 0,6 cent de TPS. Le montant de 12 cents par kilomètre peut également être utilisé aux fins de l'impôt du Québec et il comprend la TPS et la TVQ.

Règles applicables aux actionnaires

Les actionnaires d'une société sont généralement assujettis aux mêmes règles que les employés s'ils bénéficient de l'utilisation d'une automobile fournie par la société.

ASPECTS FISCAUX POUR LES EMPLOYEURS ET LES TRAVAILLEURS INDÉPENDANTS

Allocations

Une allocation raisonnable versée à un employé aux fins d'affaires et calculée sur le nombre de kilomètres parcourus à ces fins au cours de l'année n'est pas incluse dans le revenu de l'employé. Pour réduire les difficultés administratives inhérentes à la tenue régulière d'un registre des kilomètres parcourus par chaque employé, Revenu Canada permettra qu'une allocation fixe non imposable soit versée à un employé au cours de l'année, pourvu que soient respectées les conditions suivantes :

- Le taux applicable à chaque kilomètre parcouru est fixe.
- Le taux et les avances sont raisonnables.
- À la fin de l'année civile ou lorsque l'employé quitte son emploi, selon la date la plus hâtive, le nombre réel de kilomètres parcourus aux fins d'affaires est calculé. Si l'employeur a versé trop d'argent, l'employé doit rembourser le montant reçu en trop. Si l'employé n'a pas reçu suffisamment d'argent, l'employeur lui verse la différence en cause.
- L'employé n'est pas tenu d'inclure le montant dans son revenu en vertu d'une autre disposition de la Loi de l'impôt sur le revenu.

173

Frais déductibles

Si vos employés utilisent leur propre automobile aux fins d'affaires, vous pouvez déduire certains remboursements ou allocations que vous leur versez pour l'usage commercial de leur véhicule. De plus, aux fins de la TPS, vous avez droit de vous faire rembourser, par le biais du crédit de taxe sur intrants, la TPS payée sur les dépenses remboursées aux employés et la TPS présumée être incluse dans le montant des allocations versées. Aux fins de la TVQ, vous avez aussi droit à un remboursement au taux de 3,5 % pour les dépenses sur lesquelles la TVQ est payée au taux de 6,5 % (3/103 pour les autres dépenses).

Si des automobiles sont mises à la disposition de vos employés, les montants que vous pouvez déduire se limitent généralement aux frais « raisonnables », autres que des dépenses de nature capitale, engagés pour gagner un revenu tiré d'une entreprise, d'une profession ou d'un bien.

Par conséquent, vous pouvez déduire la totalité des frais de location ou de possession, jusqu'à concurrence du plafond déjà mentionné à l'égard des voitures de luxe, ainsi que les frais de fonctionnement, de stationnement et autres frais raisonnables à l'égard des automobiles que vous fournissez. Vous pouvez également déduire les dépenses en intérêts engagées sur les emprunts qui servent directement à l'achat d'automobiles, jusqu'à concurrence de 300 $ (250 $ pour les voitures acquises après le 17 juin 1987 et avant le 1er septembre 1989) par mois et par voiture, pendant toute la durée de l'emprunt.

Déductions de l'employeur relativement à une automobile fournie par l'employé

À titre d'employeur, vous pouvez déduire certaines allocations d'automobile versées à un employé pour la distance qu'il parcourt avec sa propre voiture pour le compte de votre entreprise, même si ces allocations ne sont pas déclarées à titre de revenu imposable de l'employé. Vous pouvez aussi déduire toutes les allocations d'automobile raisonnables ou les paiements similaires qui sont déclarés sur le feuillet T4 (relevé 1 au Québec) de l'employé à titre de revenu.

Vous pouvez déduire les allocations non imposables versées à un employé jusqu'à concurrence de 0,31 $ du kilomètre pour les 5 000 premiers kilomètres parcourus aux fins d'affaires par l'employé dans l'année et jusqu'à 0,25 $ du kilomètre pour l'excédent du kilométrage annuel aux fins d'affaires. Un montant additionnel de 0,04 $ du kilomètre est déductible à l'égard des distances parcourues au Yukon et dans les Territoires-du-Nord-Ouest.

Vous pouvez déduire la totalité des montants versés à l'égard de l'essence, de l'entretien et des réparations, même si la partie de ces frais liée à l'utilisation personnelle de l'automobile constitue un revenu imposable pour l'employé.

Déductions de l'employeur concernant les véhicules fournis par la société

Si votre société achète ou loue des automobiles qui sont mises à la disposition des employés, vous serez tenu de calculer l'avantage pour droit d'usage, comme nous l'avons expliqué ci-dessus, et d'inclure l'avantage imposable sur les feuillets T4 (relevés 1 au Québec) de vos employés. Vous êtes tenu de verser la TPS reliée à l'avantage. Cependant, vous pourriez avoir le droit de réclamer la TPS payée sur le prix d'achat ou de location de la voiture, sous réserve des montants maximaux permis par la Loi de l'impôt sur le revenu. Étant donné que la TVQ payée à l'achat ou à la location d'une voiture ne donne pas droit à un remboursement de taxe sur intrants, vous ne serez pas tenu de remettre la TVQ reliée à l'avantage.

Automobiles possédées par la société

Votre société peut bénéficier des déductions habituelles pour amortissement à l'égard de ses automobiles utilisées aux fins d'affaires. Les règles générales concernant la DPA s'appliquent aux voitures qui ne coûtent pas plus que le coût maximal prescrit. Ces automobiles font partie de la catégorie 10, laquelle permet un taux d'amortissement de 30 %. Les règles habituelles concernant la déduction d'amortissement réduite dans l'année d'acquisition, la récupération, la perte finale et le regroupement de ce genre d'actifs dans une même catégorie continuent de s'appliquer aux automobiles qui respectent les critères décrits ci-dessus.

175

Par contre, si vous achetez une voiture dont le coût dépasse le coût maximal prescrit, cette automobile doit être inscrite dans une nouvelle catégorie distincte aux fins de la DPA, soit la catégorie 10.1. Les autres mesures fiscales décrites pour les employés, dans le paragraphe intitulé « Déductions relatives aux automobiles achetées », s'appliquent aussi aux employeurs.

Automobiles louées

Si la société fournit des automobiles louées à ses employés, la déduction maximale concernant les frais de location est la même que celle que nous avons décrite précédemment à l'égard des employés.

Des mesures fiscales additionnelles sont prévues pour éviter que des montants remboursables versés au locateur servent à diminuer les montants de loyer mensuel et, indirectement, à augmenter la déduction maximale permise.

Notez que si des automobiles louées sont mises à la disposition de vos employés, tout remboursement par ces derniers de vos frais de location réduit la fraction déductible de vos frais. L'effet peut être particulièrement sévère dans le cas des voitures de luxe. Par exemple, si vous payez 1 800 $ de location mensuelle en vertu d'un contrat signé le 1er octobre 1994, votre déduction maximale, s'il n'y a pas de remboursement par l'employé, peut être de 741 $ (pour un résident du Québec). Si le remboursement de l'employé correspond à 741 $ ou davantage, vous n'obtiendrez aucune déduction. Si ce remboursement est inférieur à 741 $, il réduit d'autant la déduction admissible.

PLANIFICATION DE L'USAGE COMMERCIAL D'UNE AUTOMOBILE

Dans bien des cas, un examen précis de la situation actuelle et des choix possibles s'impose pour maximiser les déductions fiscales et les avantages des employés. De plus, il faut tenir compte des implications reliées à la taxe sur les produits et services.

Le résultat d'une telle analyse peut démontrer que vous devriez songer à une démarche différente. À titre d'exemple, vous devriez peut-être considérer les éléments suivants :

- songer à un prêt ne portant pas intérêt au lieu d'une allocation d'automobile ou d'une voiture fournie par la société ;

- considérer la possibilité que l'employeur fournisse une automobile louée au lieu d'une automobile achetée ;

- louer la voiture au départ et l'acheter par la suite ;

- songer à avoir une automobile à sa disposition qui sert exclusivement ou à 90 % ou plus aux fins d'affaires.

Nous vous suggérons de consulter un conseiller professionnel pour voir si une démarche particulière peut se traduire par une forte économie sur les coûts que vous pourriez engager par ailleurs.

La planification
successorale

N'attendez pas avant d'établir votre planification successorale ;
pensez-y tôt dans votre carrière.

Votre testament est-il conforme à vos objectifs et
prévoit-il une distribution des biens de façon à
minimiser l'impôt au décès ?

Avez-vous révisé votre testament dernièrement
pour tenir compte des changements dans les lois applicables ?

La mise en vigueur de la réforme du Code civil, le 1er janvier 1994,
constitue une autre raison de réviser votre testament.

Avez-vous tenu compte des effets de la loi 146
(patrimoine familial) dans la rédaction de votre testament ?

Les pouvoirs accordés au liquidateur lui permettent-ils
d'entreprendre certaines planifications
pour diminuer les impôts ?

Avez-vous prévu la création de fiducies testamentaires
au profit du conjoint ou des enfants ou au profit des deux ?

Prévoyez un mécanisme de gel successoral
pour que la plus-value future de vos biens
s'accumule en faveur de vos enfants.

Est-il pertinent pour vous de souscrire
à un contrat d'assurance-vie ?

Vous serez peut-être tenté de sauter le présent chapitre, croyant à tort que vous êtes trop jeune ou pas assez riche pour avoir une « succession » qui vaille la peine d'être planifiée. Pourtant, toute personne majeure devrait songer à ce qu'il adviendra de ses biens à son décès ; de plus, elle devrait s'occuper des préparatifs nécessaires, de sorte que les membres de sa famille ne soient pas démunis.

Chaque année, des milliers de Canadiens périssent dans des accidents. Nombre d'entre eux ne laissent aucun testament. Bien qu'il soit probable que vous viviez très vieux, vous vous devez, ainsi qu'à votre famille, de mettre de l'ordre dans vos affaires.

La planification successorale consiste à créer, puis à maintenir, un programme conçu pour préserver vos biens, et à les répartir entre vos héritiers de la manière la plus efficace et la plus avantageuse possible, conformément à votre volonté.

Les nombreuses modifications apportées à la législation fiscale au cours des dernières années ont eu des répercussions sur la presque totalité des structures de planification successorale ; elles ont aussi influencé les personnes qui envisagent d'établir une telle structure.

- L'abolition, le 22 février 1994, de l'exemption cumulative à vie de 100 000 $ pour gains en capital peut modifier la façon de transmettre les biens aux héritiers.
- Les restrictions de plus en plus importantes affectant les règles relatives au fractionnement du revenu entre les membres d'une même famille sont telles qu'il peut s'avérer

180

nécessaire de procéder à la restructuration de plusieurs démarches relatives à la planification successorale.

▨ L'impôt minimum de remplacement peut avoir une incidence sur la façon d'envisager la planification successorale pour un certain nombre de contribuables à revenu élevé, particulièrement ceux qui détiennent des placements dans des abris fiscaux.

▨ Les changements apportés, dans plusieurs provinces, à la législation sur le droit de la famille ont des conséquences importantes sur le transfert des biens d'une génération à l'autre.

▨ De plus, depuis le 1er janvier 1994, le nouveau Code civil entré en vigueur au Québec a apporté de nombreux changements au chapitre des successions. De nouveaux termes sont utilisés. Par exemple, le « liquidateur » remplace « l'exécuteur testamentaire ». Ce chapitre tient compte des nouvelles dispositions du Code civil en la matière.

● OBJECTIFS

Globalement, les objectifs de la planification successorale se répartissent ainsi :

▨ Assurance de fonds suffisants pour vous et votre famille, présentement et pour l'avenir (c'est-à-dire pendant votre retraite), et pour vos héritiers après votre décès.

▨ Distribution des biens, selon votre volonté, au cours de votre vie et au moment de votre décès, de façon que vos héritiers puissent en bénéficier au maximum.

▨ Réduction maximale, tant présentement que dans l'avenir, des diverses formes d'érosion de vos biens, dont l'impôt, qui demeure la forme la plus importante.

Vos objectifs de planification successorale doivent être réalistes. De plus, il est important de revoir périodiquement votre structure de planification successorale, qui doit faire preuve de suffisamment de souplesse pour s'accommoder avec les imprévus pouvant survenir dans votre situation financière ou personnelle ainsi qu'avec les événements indépendants de votre volonté, telles les modifications apportées à la législation.

Aspects financiers

Pour élaborer une planification successorale, vous devez d'abord évaluer votre situation actuelle quant à vos biens, votre endettement et votre revenu. Essayez de prévoir leur évolution de même que celle de vos dépenses: liquidation d'éléments d'actif (par exemple, votre entreprise), remboursement d'hypothèques, frais pour l'éducation de vos enfants, achat de biens pour vos loisirs ou votre retraite, etc. Vous devriez également tenter de prévoir quelle sera l'influence de l'économie sur la bonne marche de vos affaires, sur vos biens et vos revenus. Si l'inflation se situe en moyenne à 6 % par année, le dollar d'aujourd'hui vaudra 0,50 $ dans 12 ans et 0,25 $ dans 24 ans. Si le taux d'inflation est plutôt de 4 %, le même résultat sera atteint dans 18 ans et 36 ans respectivement.

> Pour élaborer une planification successorale, vous devez d'abord évaluer votre situation actuelle quant à vos biens, votre endettement et votre revenu. Essayez de prévoir leur évolution !

Renseignements à fournir aux conseillers en planification successorale

Un conseiller en planification successorale a besoin de renseignements précis et récents concernant vos finances; il doit bien comprendre vos objectifs financiers et personnels. Il doit donc être parfaitement au courant de vos affaires.

Pour qu'une telle planification soit efficace, un certain nombre de personnes doivent y collaborer: votre comptable, votre conseiller juridique, votre agent d'assurances, votre conseiller financier et, dans certains cas, vos associés. Il est aussi préférable de faire participer votre conjoint à l'établissement de vos objectifs de planification successorale. Cette façon de procéder ne convient pas nécessairement à tout le monde. Cependant, si vos affaires sont un tant soit peu compliquées et que votre conjoint doit les gérer à votre décès, il vaudrait mieux l'informer dès maintenant des dispositions que vous entendez prendre.

Objectifs fiscaux de la planification successorale

Sur le plan fiscal, vos objectifs de planification successorale peuvent se résumer comme suit :

1 Minimiser et reporter vos impôts actuels et futurs en vue de préserver vos biens.

2 Transférer tout fardeau fiscal éventuel à vos héritiers de façon à ce que les impôts soient payables seulement lorsqu'ils disposeront à leur tour des biens en cause.

3 Minimiser les impôts résultant de votre décès afin d'accroître la valeur de votre succession.

● ÉVOLUTION DE LA STRUCTURE DE LA PLANIFICATION SUCCESSORALE

Afin de vous aider à fixer vos propres objectifs de planification successorale, nous vous présentons un résumé des éléments dont une famille type doit tenir compte au fil des ans. Votre planification successorale devra être adaptée à votre situation et à celle de votre famille.

PLANIFICATION SUCCESSORALE EN DÉBUT DE CARRIÈRE

Entre 25 et 40 ans, il est probable que vous partagerez votre vie avec un conjoint et que vous fonderez une famille. Vous commencerez votre carrière ou vous démarrerez une nouvelle entreprise. Vous aurez alors peu de biens. Votre principal souci dans ce cas est de protéger les personnes qui sont à votre charge au cas où vous ou votre conjoint décédiez ou ne seriez plus en mesure de faire vivre votre famille. Votre planification successorale peut alors se limiter à assurer le remboursement de l'emprunt hypothécaire sur votre domicile ainsi qu'à maintenir une assurance-vie (vraisemblablement une assurance temporaire) et une assurance en cas d'invalidité à long terme, d'un montant suffisant. Il est probable que vous léguerez purement et simplement la totalité de vos biens à votre conjoint dans votre testament.

Lorsque vous pourrez affecter une tranche plus large de vos revenus à la planification successorale, vous voudrez sans doute commencer à économiser pour acheter éventuellement certains biens, pour les études de vos enfants ou pour votre retraite. Il vous est possible, à vous et à votre conjoint, de profiter de régimes enregistrés d'épargne-retraite (REER). Vous trouverez peut-être intéressant d'acquitter des primes plus élevées en vue d'obtenir la sécurité accrue et les avantages de placement qui découlent d'une assurance-vie permanente.

PLANIFICATION DANS LA QUARANTAINE

De 40 à 55 ans, vous aurez probablement amassé plus de biens et vous bénéficierez d'un revenu plus élevé. Cependant, vous devrez peut-être faire face à des dépenses accrues, telles que l'instruction postsecondaire de vos enfants.

À cette étape, vous continuerez à contribuer à un régime de retraite, que ce soit un REER ou un régime de pension agréé de votre employeur. Vous préférerez peut-être annuler votre police d'assurance-vie temporaire pour contracter une assurance permanente. Il serait également opportun de restructurer vos affaires commerciales et vos placements de façon à réduire vos impôts et à vous permettre d'épargner et d'accumuler des biens en vue de la retraite.

PLANIFICATION EN VUE DE LA RETRAITE

Vers 55 ans, il est temps de songer sérieusement à planifier vos affaires en vue de votre retraite. Vous devez vous assurer que vos revenus de retraite seront suffisants pour répondre à vos besoins et que vos économies vous permettront de faire face aux imprévus. Il est probable que vous continuerez de contribuer à votre REER ou à votre régime de retraite, et que vous effectuerez encore des placements. Vous devez vous

184

interroger sur le genre de revenu de retraite à adopter à l'échéance de votre REER et de vos autres régimes de retraite. Si vous possédez une entreprise, vous aurez peut-être l'intention de la vendre pour accroître votre revenu de retraite ou de vous retirer progressivement afin de faire place à la relève.

Vous devez aussi déterminer comment vous transmettrez vos biens à votre décès. La *Loi de l'impôt sur le revenu* prévoit une aliénation réputée de tous vos biens à votre décès, de sorte que le gain en capital cumulé sur ces biens devient imposable à ce moment : cela peut diminuer sensiblement la valeur de votre succession. Mais en aliénant vos biens de façon appropriée pendant votre vie et en rédigeant soigneusement votre testament, vous pouvez minimiser les conséquences fiscales de cette aliénation réputée au décès. Vous pouvez léguer une partie de vos biens à vos héritiers au cours de votre vie ou créer des fiducies en leur nom, qui débuteront de votre vivant ou après votre décès.

LE TESTAMENT

Dans votre testament, vous désignez un liquidateur pour votre succession, nommez vos bénéficiaires et indiquez vos volontés concernant la répartition de vos biens. Il est important de consulter votre conjoint au moment de rédiger votre testament afin qu'il puisse comprendre les choix que vous faites. Si votre conjoint les approuve, il est peu probable qu'il conteste le testament à votre décès.

Le liquidateur

Le liquidateur, comme le fiduciaire, assume de lourdes responsabilités. Vous devez vous assurer non seulement que la personne désignée acceptera cette tâche mais qu'elle sera aussi en mesure d'en remplir convenablement les fonctions. Elle doit être parfaitement au courant de vos affaires et posséder les compétences requises pour les gérer.

Le liquidateur, c'est la personne chargée de faire respecter vos dernières volontés exprimées dans votre testament. Il doit être habilité, par les clauses de votre testament, à prendre toutes les décisions concernant le règlement de votre succession.

Il est important de souligner que *le liquidateur est responsable de maintenir la valeur de la succession jusqu'au partage des biens entre les bénéficiaires.* Par conséquent, s'il considère que, pour le meilleur intérêt de votre entreprise, celle-ci devrait être gérée de l'extérieur avant que vos enfants en aient la charge, votre testament doit lui permettre de faire le nécessaire. Sinon, le liquidateur doit remettre le contrôle de votre entreprise aux personnes désignées, même si celles-ci sont incapables de l'administrer et il ne peut que leur conseiller de faire appel à des spécialistes de l'extérieur ou de vendre l'entreprise avant que sa valeur n'ait gravement chuté.

Souvenez-vous que les dispositions prises avant votre décès auront un effet décisif sur le règlement de votre succession. Si vos directives sont imprécises, le liquidateur, même en agissant de bonne foi, pourrait mal interpréter vos volontés ou voir ses pouvoirs contestés.

Décès sans testament

En l'absence d'un testament, la répartition des biens sera régie par la législation provinciale et le droit de la famille pertinents.

Ces lois varient d'une province à l'autre. Au Québec, lorsqu'une personne décède sans testament, le conjoint survivant hérite du tiers de la succession, et les enfants, des deux tiers. Il faut aussi tenir compte du patrimoine familial dont la valeur devra être divisée en parts égales entre l'époux survivant et les héritiers. La législation de plusieurs autres provinces prévoit une réserve en faveur du conjoint survivant, dans le cas d'un décès sans testament. Le conjoint reçoit une somme équivalant à la réserve prévue par la loi et partage le reste de la succession avec les enfants, s'il y a lieu. Étant donné que ce genre de répartition est purement arbitraire, elle ne

> Au Québec, lorsqu'une personne décède sans testament, le conjoint survivant hérite du tiers de la succession, et les enfants, des deux tiers. Il faut aussi tenir compte du patrimoine familial dont la valeur devra être divisée en parts égales entre l'époux survivant et les héritiers.

répond habituellement pas aux volontés de la personne décédée ni aux besoins des membres de la famille.

Révision du testament

Votre testament devrait être révisé et modifié, s'il y a lieu, au moins tous les cinq ans. De plus, il devrait être révisé dès que survient le décès d'un bénéficiaire éventuel, du liquidateur, ou encore dès que surviennent des changements dans votre situation familiale ou financière. L'entrée en vigueur du nouveau Code civil constitue une raison supplémentaire de consulter un professionnel pour réviser votre testament et le modifier, s'il y a lieu.

> Votre testament devrait être révisé et modifié, s'il y a lieu, au moins tous les cinq ans. De plus, il devrait être révisé dès que survient le décès d'un bénéficiaire éventuel, du liquidateur, ou encore dès que surviennent des changements dans votre situation familiale ou financière.

Les modifications apportées aux lois sont susceptibles d'avoir une incidence sur la validité de votre testament. À titre d'exemple, dans certaines provinces, la législation portant sur le partage des biens matrimoniaux a préséance sur les dispositions de votre testament. Au Québec, il s'agit du patrimoine familial. De plus, la loi stipule dans la plupart des provinces (mais non au Québec) que vous ne pouvez pas déshériter totalement votre conjoint ou une personne qui est à votre charge. Tous les autres éléments de votre planification successorale, tels que vos polices d'assurances et vos régimes de retraite et d'épargne-retraite doivent aussi faire l'objet d'une révision. N'oubliez pas de changer le nom des bénéficiaires de vos assurances et de vos régimes différés si vous ne voulez pas qu'une part importante de votre succession soit dévolue à une personne que vous ne voulez plus avantager.

En vue d'éviter tout problème futur, il est souhaitable de recourir aux services d'un conseiller juridique expérimenté dans les domaines des successions et du droit de la famille. La prudence recommande de demander à votre conseiller fiscal de réviser votre testament avant de le signer.

IMPOSITION LORS DU DÉCÈS

Si vous comprenez bien la façon dont les biens sont imposés au décès, vous serez mieux en mesure de décider de leur répartition dans votre testament et même de leur distribution au cours de votre vie.

Les gouvernements fédéral et provinciaux ne prélèvent, lors d'un décès, aucun impôt (droit de succession) sur la valeur des biens qui sont transférés aux héritiers. Seuls les montants reçus ou réputés reçus par la personne décédée ainsi que ses gains en capital réalisés (ou réputés réalisés) sont soumis à l'impôt sur le revenu.

À la suite d'un décès, quatre types de contribuables peuvent être assujettis à l'impôt : la personne décédée, la succession (aussi longtemps que le liquidateur ne procédera pas à sa liquidation), toute fiducie qui a été créée en vertu du testament de la personne décédée et, enfin, les héritiers.

Règles d'aliénation réputée

Dans l'année du décès, l'année d'imposition de la personne décédée commence le 1er janvier et se termine à la date du décès. Une déclaration de revenus finale doit être produite. Elle doit inclure la totalité des revenus réalisés jusqu'à la date du décès, c'est-à-dire les intérêts, les loyers, les redevances, les annuités, les rémunérations tirées d'un emploi et les autres montants payables périodiquement qui s'étaient accumulés sans être à payer au moment du décès, ainsi que ceux qui étaient payables mais qui sont demeurés impayés. Y sont aussi déclarés les gains nets en capital imposables ou les pertes subies avant le décès, mais qui n'ont pas été inclus dans le revenu au cours d'une année antérieure.

En outre, la personne décédée est réputée avoir aliéné la totalité de ses immobilisations immédiatement avant son décès pour une contrepartie égale à leur juste valeur marchande immédiatement avant le décès. Ces aliénations réputées peuvent entraîner un gain ou une perte en capital ainsi qu'une perte finale ou une récupération de l'amortissement déjà réclamé, qui doivent être inclus dans la déclaration de revenus finale.

Les avoirs miniers sont définis selon la loi comme des biens autres que des immobilisations. Une aliénation réputée d'un avoir minier au décès entraîne l'inclusion de la totalité de sa juste valeur marchande dans le revenu de la déclaration de revenus finale.

Un montant considérable d'impôt peut découler de ces aliénations réputées. Comme il n'y a pas eu aliénation réelle de ces biens, la succession pourra éprouver de la difficulté à trouver les fonds nécessaires pour acquitter l'impôt. Mince consolation, l'impôt minimum de remplacement ne s'applique pas dans l'année du décès.

Les incidences fiscales résultant de ces règles d'aliénation réputée peuvent être évitées dans deux situations précises :

1 Lorsqu'un bien est transféré au conjoint ou à une fiducie en sa faveur, il n'y a pas de répercussions fiscales lors du décès, à moins qu'un choix contraire ne soit effectué. Le conjoint ou la fiducie en sa faveur hérite du bien pour un montant correspondant au coût fiscal de ce bien pour la personne décédée (c'est-à-dire le coût auquel la personne décédée a acquis ou est réputée avoir acquis le bien). Avant d'utiliser cet allégement à l'égard de biens admissibles à l'exonération à vie de 500 000 $ pour gains en capital, il faut toutefois s'assurer que la personne décédée a déjà entièrement utilisé cette exemption. Lorsqu'une résidence principale est transférée au conjoint ou à une fiducie en sa faveur, ceux-ci conservent l'exemption concernant la résidence principale de la personne décédée.

2 Lorsqu'un bien agricole, une participation dans une société de personnes agricole familiale ou des actions d'une société agricole familiale sont légués à un enfant (un petit-enfant ou un arrière-petit-enfant) de la personne décédée, le transfert entraîne un report total d'impôt et l'enfant acquiert ces biens pour un montant correspondant à leur coût fiscal pour la personne décédée. Il est possible de faire le choix que ce report ne s'applique pas, en tout ou en partie, ce qui permet d'augmenter le coût fiscal du bien agricole entre les mains de l'enfant. Il faut aussi s'assurer que la personne décédée a utilisé complètement son exemption cumulative à vie de 500 000 $ pour gains en capital avant ou au décès.

189

Ces situations sont souvent appelées des « roulements ». Vos héritiers assument alors la totalité du fardeau fiscal éventuel qui ne sera toutefois payable que lorsqu'ils aliéneront ou seront réputés avoir aliéné des biens acquis lors de votre décès.

Déclarations de revenus facultatives

Si la personne décédée était propriétaire d'une entreprise ou associée dans une société de personnes, bénéficiaire d'une fiducie testamentaire, ou encore si elle avait « des droits ou des biens » (qui sont généralement des revenus non matérialisés à la date du décès), le liquidateur a la possibilité de déclarer une partie des revenus d'entreprise, de fiducie ou « de droits ou de biens » au moyen de trois autres déclarations de revenus distinctes.

Chacune de ces déclarations de revenus considère la personne décédée comme un contribuable distinct. Tous les crédits d'impôt personnels sont donc accordés dans chaque déclaration de revenus, ce qui entraîne une économie d'impôt, et le fractionnement du revenu entre les différentes déclarations de revenus permet d'effectuer une économie supplémentaire en raison du régime d'imposition progressif.

Imposition de la succession

Il arrive fréquemment que les biens productifs de revenus soient détenus en fiducie par la succession durant un certain temps avant d'être transférés aux bénéficiaires. La plupart du temps, la succession est alors imposée sur la totalité des revenus qu'elle a réalisés à compter de la date du décès, à l'exception des revenus qui doivent être imposés entre les mains des bénéficiaires parce qu'ils leur étaient payables, leur ont été versés ou ont fait l'objet d'un choix de bénéficiaire privilégié.

Votre testament devrait accorder des pouvoirs assez étendus au liquidateur de votre succession pour lui permettre d'entreprendre une certaine planification fiscale testamentaire visant à diminuer l'impôt dans votre déclaration finale et à réduire les conséquences pour vos bénéficiaires.

Votre testament devrait accorder des pouvoirs assez étendus au liquidateur de votre succession pour lui permettre d'entreprendre une certaine planification fiscale testamentaire visant à diminuer l'impôt dans votre déclaration de revenus finale et à réduire les conséquences pour vos bénéficiaires.

Impôts étrangers lors du décès

Si vous possédez des biens aux États-Unis ou que vous-même ou l'un de vos bénéficiaires est citoyen américain (ou résident des États-Unis), l'impôt fédéral sur les successions et les impôts correspondants en vigueur dans différents États américains peuvent s'appliquer. Au cours des dernières années, le taux d'imposition sur les successions a augmenté aux États-Unis, au point que certains résidents canadiens qui possèdent des biens aux État-Unis peuvent être aux prises avec un impôt américain sur les successions fort important. Si vous possédez des biens aux États-Unis, vous devriez consulter votre conseiller fiscal pour déterminer quelles mesures, s'il y a lieu, devraient être prises pour réduire ou éliminer cette charge fiscale. De plus, un nouveau Protocole modifiant la Convention fiscale entre le Canada et les États-Unis a été signé le 31 août 1994. Si ce Protocole entre effectivement en vigueur, il modifiera sensiblement les règles relatives aux impôts au décès à l'égard des biens américains et il pourrait même donner lieu à des remboursements pour les décès survenus depuis le 11 novembre 1988.

TECHNIQUES DE PLANIFICATION

Il ne faut pas perdre de vue que certaines des techniques présentées ci-dessous nécessitent des concessions. L'économie d'impôt réalisée peut être assortie d'une perte de contrôle sur le bien visé ou elle peut restreindre quelque peu la souplesse de votre planification successorale. Le choix des techniques que vous pourriez utiliser dépend avant tout de votre situation personnelle et financière ainsi que de vos objectifs de planification successorale.

Donation

La méthode la plus directe pour atteindre les objectifs les plus courants de planification successorale consiste à donner vos biens à vos héritiers éventuels au cours de votre vie. Étant donné que vous

La méthode la plus directe pour atteindre les objectifs les plus courants de planification successorale consiste à donner vos biens à vos héritiers éventuels au cours de votre vie.

transférez les titres de propriété à une autre personne, la plus-value future de ces biens ainsi que le fardeau fiscal s'y rattachant subissent le même sort. Cette technique comporte trois inconvénients.

D'abord, si vous transférez un bien à votre conjoint ou à l'un de vos enfants de moins de 18 ans, vous serez soumis aux « règles d'attribution ». Autrement dit, la totalité du revenu de placements, c'est-à-dire les intérêts, les dividendes et les revenus de location, qui est gagné sur le bien transféré est imposée entre vos mains jusqu'à la cessation du mariage (décès, divorce ou séparation) ou dans l'année où l'enfant atteint 18 ans. Les gains en capital vous sont également attribués, sauf dans le cas d'un transfert à un enfant mineur. (Veuillez consulter à ce sujet le chapitre 4 intitulé « Fractionnement du revenu ».)

Deuxièmement, comme les titres de propriété sont transférés, vous perdrez le contrôle du bien et vous ne pourrez plus bénéficier personnellement de l'augmentation éventuelle de sa valeur.

Enfin, lorsque, au cours de votre vie, vous faites don d'un bien à toute personne autre que votre conjoint, vous êtes généralement réputé avoir encaissé le produit de l'aliénation qui correspond à la juste valeur marchande du bien au moment du don et vous devez immédiatement réaliser aux fins d'impôt le gain ou la perte en capital s'y rattachant.

Comme dans le cas de l'aliénation réputée des biens au décès, les règles mentionnées ci-dessus concernant l'aliénation réputée entre vifs comportent certaines exceptions. Vous pouvez reporter l'impôt au moyen d'un roulement :

- lorsqu'un bien est transféré au conjoint ou à une fiducie au profit du conjoint (bien que les gains et les pertes en capital ultérieurs vous seront attribués);

- lorsqu'un bien agricole est transféré à un enfant, un petit-enfant ou un arrière-petit-enfant.

Il vaut beaucoup mieux utiliser la possibilité qui vous est offerte, pour 1994 seulement, de réaliser un gain réputé et de réclamer un montant au titre de l'exemption cumulative à vie de 100 000 $ pour gains en capital si vous ne l'avez pas utilisée en totalité par ailleurs, au lieu de vous servir d'un roulement qui permet seulement de reporter l'impôt à des années ultérieures.

Si vous êtes actionnaire d'une société privée canadienne qui utilise la totalité ou la quasi-totalité de la juste valeur marchande de son actif pour exploiter activement une entreprise principalement au Canada, ou qui détient des biens agricoles admissibles, vous pourriez également être admissible à une exemption spéciale de 500 000 $ cumulative à vie pour gains en capital lors de l'aliénation des actions de la société (se reporter au chapitre 7). Cette exemption spéciale peut être limitée à 400 000 $ si vous avez profité de l'exemption cumulative de 100 000 $ à l'égard de gains en capital réalisés ou réputés sur d'autres biens. Si vous n'avez pas déjà utilisé votre exemption spéciale de 500 000 $, vous voudrez peut-être donner un nombre suffisant d'actions dans la société à vos enfants pour atteindre un gain en capital de 500 000 $ et ainsi utiliser l'exemption. Cette stratégie n'est toutefois guère indiquée si vous prévoyez vendre la société par actions à des tiers. Dans ce cas, il serait préférable de garder l'exemption pour une vente sans lien de dépendance au lieu de l'utiliser pour une transaction entre des membres de la famille, mais en gardant à l'esprit que cette exemption pourrait éventuellement être abolie.

Fractionnement du revenu

Le fractionnement du revenu vise principalement à faire imposer à un taux moindre dans les mains d'un parent, habituellement votre conjoint ou un enfant, un revenu pour lequel vous seriez imposé à un taux plus élevé. Le chapitre intitulé « Fractionnement du revenu » contient une analyse approfondie de ce sujet.

Utilisation des fiducies

Une fiducie signifie généralement qu'une personne détient un bien au bénéfice d'une autre personne. En termes techniques, une fiducie est constituée lorsqu'un « disposant » transfère un bien à un « fiduciaire » qui le détient au nom d'un « bénéficiaire ». Les fiducies sont soit « testamentaires » (créées au moment du décès du disposant), soit « entre vifs » (c'est-à-dire créées de son vivant).

La fiducie est un instrument utile et souple qui permet de transférer la propriété d'un bien à un héritier éventuel tout en conservant le contrôle du bien en cause par l'entremise du fiduciaire du régime. Il vous sera alors possible d'atteindre un certain nombre de vos objectifs de planification successorale. La fiducie peut en effet servir à des fins variées, comme financer les études d'un enfant, répondre aux besoins d'enfants handicapés ou obtenir l'aide d'un spécialiste pour la gestion et l'administration de vos biens.

Pour réaliser une économie d'impôt, vous devez premièrement céder la propriété du bien détenu en fiducie, même si la gestion et l'exploitation de la fiducie elle-même restent parfois sous votre contrôle. Deuxièmement, vous devez éviter les règles d'attribution. (Voir le chapitre intitulé « Fractionnement du revenu ».)

Une fiducie entre vifs est généralement assujettie aux mêmes règles que les particuliers et elle est imposée au taux d'impôt maximal des particuliers. Les fiducies testamentaires bénéficient, pour leur part, d'un traitement plus favorable, car elles sont imposées aux taux progressifs applicables aux particuliers.

Cependant, lorsque le revenu de la fiducie est distribué ou distribuable à un bénéficiaire, directement par l'entremise d'une distribution réelle ou à la suite du choix d'un bénéficiaire privilégié (voir ci-dessous), ce montant est déduit du revenu de la fiducie et imposé dans les mains du bénéficiaire, en supposant que les règles d'attribution ne s'appliquent pas. Une telle situation peut entraîner certaines économies d'impôt lorsque le bénéficiaire est imposé à un taux marginal peu élevé.

La *Loi de l'impôt sur le revenu* prévoit que certaines formes de revenus réalisés par une fiducie conservent leurs particularités lorsqu'ils sont distribués aux bénéficiaires et imposés entre leurs mains. Par exemple, les dividendes canadiens imposables reçus par une fiducie et distribués aux bénéficiaires rendent ces derniers admissibles au crédit d'impôt pour dividendes.

Choix à titre de bénéficiaire privilégié

En effectuant un choix de ce genre, le revenu réalisé par la fiducie est imposé dans les mains du bénéficiaire même s'il demeure dans la fiducie. En plus d'être résident canadien, un « bénéficiaire privilégié » doit être :

▓ l'auteur de la fiducie, son conjoint ou son ancien conjoint;

▓ l'enfant, le petit-enfant ou l'arrière-petit-enfant de l'auteur de la fiducie; ou

▓ le conjoint (et non l'ancien conjoint) d'un enfant, d'un petit-enfant ou d'un arrière-petit-enfant de l'auteur de la fiducie.

De plus, l'apport de l'auteur de la fiducie en faveur de cette fiducie doit être plus important que celui de toute autre personne.

Règle de l'aliénation réputée relative aux fiducies

Des règles spéciales empêchent les fiducies de détenir indéfiniment des biens et de reporter ainsi l'imposition des gains en capital. Selon la règle générale, la fiducie est réputée avoir aliéné la totalité de ses biens tous les 21 ans pour un montant égal à leur juste valeur marchande. Toutefois, la règle générale ne s'applique pas à une fiducie qui compte un bénéficiaire exempté vivant le jour où la règle de 21 ans devrait normalement s'appliquer, si un choix est exercé à cet effet. À cette fin, le conjoint et les enfants du particulier qui s'est départi de biens en faveur de la fiducie peuvent notamment constituer des bénéficiaires exemptés, mais non les petits-enfants.

Gel successoral

Le gel successoral est une méthode qui permet de structurer la détention de vos biens de façon à ce que toute plus-value éventuelle de certains biens soit cumulée en faveur d'autres personnes, en l'occurrence vos enfants.

Le gel successoral n'est pas un don. Dans le cas d'un don, le donateur ne reçoit rien en contrepartie et il perd le contrôle des biens en cause. **Lors d'un gel successoral, l'auteur du gel conserve des biens ayant une valeur égale à la valeur actuelle des biens faisant l'objet du gel; seules les plus-values futures sont transférées à l'enfant.** Il est également possible de conserver le contrôle de ces biens. Contrairement au gel successoral, les dons aux enfants éliminent l'impôt au décès, mais ils peuvent entraîner la création immédiate d'une charge fiscale et ne permettent d'atteindre aucun autre objectif de planification successorale.

195

Vente directe

La vente d'un bien à un enfant, qui constitue la méthode la plus simple de gel successoral, permet de réaliser la plupart de ces objectifs. L'impôt est éliminé lors du décès; cependant, il faut inclure, dans l'année de la vente, tous les gains en capital dans son revenu aux fins de l'impôt. De tels gains sont admissibles à l'exemption à vie de 100 000 $ pour gains en capital mais seulement pour 1994 et à condition qu'un choix ait été effectué. Vous devez normalement vous faire remettre un effet à payer par votre enfant, à titre de contrepartie de la vente. Vous échangez donc un bien susceptible d'augmenter en valeur contre un bien de valeur fixe. Il est possible que l'effet ne porte pas intérêt mais, si c'est le cas, les règles d'attribution s'appliquent. Il est aussi douteux que, du point du vue légal, vous puissiez vendre un bien à un mineur.

Il vous est possible de réclamer une provision (c'est-à-dire de ne pas comptabiliser le plein montant du gain en capital) lorsque vous n'encaissez pas la totalité du produit de la vente et que la fraction non réglée n'est pas exigible immédiatement. Le gain en capital imposable doit être ajouté à votre revenu sur une période maximale de quatre à neuf ans, selon le genre de bien vendu. Lorsque la provision est incluse dans le revenu, elle est admissible à l'exemption à vie de 500 000 $ pour gains en capital, à condition que la vente des biens admissibles ait eu lieu après 1984. Pour les biens admissibles seulement à l'exemption de 100 000 $, l'inclusion de la provision dans le revenu donne droit à cette exemption, mais 1994 est la dernière année où cela est possible.

Le fait d'être habilité à exiger le paiement total ou partiel de l'effet en tout temps peut constituer dans certains cas une forme de contrôle des biens. Cependant, leur transfert à une fiducie dont votre enfant est bénéficiaire vous permettrait de les contrôler davantage.

Gel des actions de sociétés

En général, les particuliers tiennent à geler des biens dont la valeur est susceptible d'augmenter considérablement dans l'avenir. Il s'agit le plus souvent de biens d'entreprise, habituellement des actions d'une société privée sous le contrôle du particulier. L'utilisation d'une société par actions dans le cadre d'un gel successoral accorde une bonne marge de manœuvre au particulier et, si elle est convenablement structurée, il pourra atteindre tous les objectifs de planification successorale qui sont mentionnés ci-dessus.

Avantages offerts par certaines dispositions de la loi

Exemption relative à la résidence principale. Le chapitre intitulé « L'ABC du revenu » présente en détail les règles concernant l'exemption applicable à la résidence principale. Un certain nombre de mesures de planification successorale font appel au changement du titre de propriété de la résidence principale.

Lorsque les conjoints possèdent deux résidences (par exemple, une maison en ville et un chalet d'été), ils peuvent envisager le transfert de la propriété de l'une des résidences, disons le chalet, aux enfants ou aux petits-enfants qui habitent à cet endroit pendant au moins une partie de l'année. Une telle démarche exigera peut-être de payer certains frais à court terme, c'est-à-dire l'impôt sur le gain en capital correspondant à la plus-value du bien depuis 1981. Tout gain réalisé ultérieurement lors de l'aliénation de l'autre résidence du couple sera généralement libre d'impôt selon les règles relatives à la résidence principale. De plus, étant donné que les règles d'attribution ne s'appliquent pas aux gains en capital réalisés sur un bien transféré aux enfants, qu'ils aient moins de 18 ans ou non, tout gain résultant de la vente éventuelle du chalet sera imposé dans les mains des enfants. Le chalet peut aussi constituer la résidence principale des enfants majeurs ou mariés et, dans ce cas, ils bénéficient de la pleine exemption.

Si vous vendez ou donnez le chalet à vos enfants, il est évident que vous et votre conjoint n'avez plus légalement le droit de l'occuper. L'acceptation d'une contrepartie sous forme d'un effet à payer sur demande peut vous permettre d'exercer un certain contrôle sur le bien, mais peut-être pas autant que vous le voudriez. Une autre solution consisterait à donner le bien en question à une fiducie discrétionnaire créée à votre nom et à celui de vos enfants. Le contrat de fiducie peut être rédigé de façon à vous permettre de donner le chalet à un enfant en particulier dans l'avenir, tout en vous assurant que la plus-value éventuelle sera cumulée au profit du propriétaire ultime.

Régimes enregistrés d'épargne-retraite (REER). Les REER constituent probablement le mode de report d'impôt le plus courant de nos jours. Ils permettent en effet de réduire les revenus annuels aux fins de l'impôt (jusqu'à concurrence de plafonds précis) du montant de la contribution versée dans l'année et ils protègent de l'impôt les revenus qui s'y accumulent. De plus, les REER accumulent des fonds qui, au moment de votre décès, pourront être transférés à votre conjoint, s'il est assujetti à un taux d'imposition moins élevé, ou, dans certaines circonstances, à vos enfants. Les cotisations à un régime de pension agréé vous permettent également de diminuer vos revenus imposables. (Se reporter au chapitre 6.)

Roulement en faveur du conjoint ou d'une fiducie au profit du conjoint. Si vous léguez une immobilisation à votre conjoint ou à une fiducie en sa faveur, le bien en cause peut être transféré pour un montant correspondant à votre coût fiscal, et cette opération n'entraîne pas d'imposition à votre décès. Pour que s'appliquent ces règles de roulement entre conjoints, il faut respecter certains critères, que voici :

- Vous devez être résident canadien immédiatement avant votre décès.
- La propriété du bien doit être réellement transférée à votre conjoint ou à une fiducie en sa faveur.
- Si vous transférez le bien à votre conjoint, celui-ci doit être résident canadien immédiatement avant votre décès.
- La fiducie au profit du conjoint doit être testamentaire (c'est-à-dire créée par votre testament) et elle doit résider au Canada lorsqu'elle acquiert le bien.
- L'acquisition irrévocable du bien par le conjoint ou par la fiducie en sa faveur doit habituellement avoir lieu dans les 36 mois qui suivent votre décès.
- Si le bien est transféré à une fiducie au profit du conjoint, celui-ci doit en recevoir la totalité des revenus au cours de sa vie et aucune autre personne ne peut recevoir ou utiliser le revenu ou le capital de la fiducie durant cette période.

Le liquidateur de votre succession peut procéder à une certaine planification après votre décès. À titre d'exemple, il peut choisir de ne pas appliquer les dispositions de roulement à certains biens. Une telle façon de procéder peut permettre la pleine utilisation de vos pertes reportées des années antérieures et de votre exemption cumulative de 500 000 $ pour gains en capital si le choix porte sur des biens admissibles. Ceci réduira la charge fiscale future de votre conjoint.

Roulement de provisions entre conjoints. À une exception près, aucune provision ne peut être déduite dans la déclaration de revenus finale du défunt. Toute provision qui n'a pas encore été imposée est ajoutée à son revenu dans l'année du décès. L'exception concerne un conjoint ou une fiducie au profit du conjoint qui hérite du droit de recevoir une somme ayant entraîné la déduction de la provision. Si la personne décédée résidait au Canada immédiatement avant son décès et si le liquidateur de la succession ainsi que le conjoint ou la fiducie exercent un choix commun en ce sens, la provision peut être déduite dans la déclaration de revenus finale de la personne décédée. La provision est alors transférée au conjoint, ou à la fiducie, qui devra acquitter l'impôt sur le revenu reporté.

Le montant de la provision admissible et la période pendant laquelle elle peut être déduite dépendent du type de bien aliéné. Les gains en capital peuvent être étalés sur un maximum de cinq ans, à l'exception de ceux découlant du transfert à un enfant de biens agricoles et d'actions d'une société exploitant une petite entreprise, sur lesquels l'imposition peut être répartie sur une période de dix ans. Le revenu tiré de biens vendus dans le cours normal des affaires donne droit à une imposition sur une période maximale de quatre ans.

Assurance-vie

L'assurance-vie joue un rôle important dans le cadre de la planification successorale.

L'indemnité versée à la suite du décès de l'assuré n'est pas imposée dans les mains du bénéficiaire.

Votre situation financière et les besoins futurs de votre famille sont les facteurs à considérer dans le choix du genre et du montant d'assurance-vie que vous devriez acquérir. Votre agent est en mesure de vous fournir des détails sur les diverses polices disponibles,

L'assurance-vie peut servir à plusieurs fins :

■ Produire un revenu de placement de façon à combler une baisse de revenu ;

■ Servir de moyen de placement non imposable permettant d'accumuler des fonds pendant votre vie donnant droit à un paiement libre d'impôt à votre décès ;

■ Aider un actionnaire survivant d'une société par actions ne comptant que peu d'actionnaires en vue de financer l'achat d'actions de la succession ou des héritiers de l'actionnaire décédé ;

■ Créer des liquidités suffisantes au décès en vue du paiement de l'impôt et des autres dettes ;

■ Offrir des biens supplémentaires aux enfants qui ne participent pas à l'entreprise familiale. En l'absence de fonds provenant d'une assurance, les enfants qui ne participent pas à l'entreprise pourraient recevoir des actions de l'entreprise et causer des problèmes aux dirigeants.

mais souvenez-vous que l'assurance-vie comprend deux genres de polices : les polices temporaires et les polices permanentes.

L'assurance temporaire coûte habituellement moins cher si vous n'êtes pas très âgé, mais elle comporte des inconvénients. Par exemple, vous ne touchez aucune indemnité lors de l'annulation de la police par l'assureur ou par vous-même. L'assureur n'est pas tenu de renouveler la police d'un assuré lorsque ce dernier a atteint un certain âge. Présentement, les compagnies d'assurances offrent plusieurs variantes de ce genre d'assurance, qui sont assorties de particularités additionnelles, comme les options qui assurent votre couverture jusqu'à n'importe quel âge ou presque.

Une **police permanente** (souvent appelée police vie entière) entraîne des primes plus élevées au début, mais elle présente l'avantage de vous servir de moyen de placement. Par exemple, vous pouvez contracter un emprunt à un taux intéressant à même la valeur de rachat de votre police ou encore encaisser cette valeur à une date ultérieure. La plupart des polices permanentes sont structurées de sorte que les revenus accumulés ne soient pas imposés en vertu des règles d'imposition annuelle des revenus ; cependant, un emprunt sur la valeur de rachat ou l'encaissement de la police peut entraîner une charge fiscale.

L'utilisation d'assurance-vie pour financer l'achat des actions d'un actionnaire décédé par les actionnaires survivants est plus complexe et nécessite une planification soignée.

PLANIFICATION SUCCESSORALE ET TESTAMENTAIRE RELATIVE À UNE ENTREPRISE

Si vous détenez une participation dans une entreprise, il est probable qu'il s'agisse de votre plus importante source de revenu et vous vous attendez à ce que l'entreprise vous procure votre revenu de retraite. Vous pouvez envisager de transférer le contrôle de l'entreprise à vos enfants, de la vendre à votre retraite à un associé ou à un tiers, ou encore voir à ce qu'un gestionnaire s'occupe de l'entreprise tout en conservant la propriété dans la famille. Peu importe vos objectifs, vous devez connaître un certain nombre de techniques de planification vous permettant de réaliser, pour vous et pour votre famille, des économies substantielles d'impôt.

La planification financière, incluant la planification fiscale et successorale, est plus facile si l'entreprise est constituée en société par actions. Si votre entreprise ne l'est pas, mais qu'elle pourrait l'être, vous seriez bien avisé d'en discuter avec votre conseiller.

Avant d'examiner les techniques de planification qui vous conviennent, certaines questions doivent être abordées. Il s'agit notamment de la capacité de votre conjoint ou de vos enfants de gérer l'entreprise, de leur part relative dans le contrôle et la propriété de l'entreprise, du calendrier de transfert du contrôle, du rôle de votre personnel clé et de vos propres besoins financiers à votre retraite.

Nous examinerons trois importantes techniques de transfert et de planification successorale qui portent sur les biens d'entreprise.

1. Exemption d'impôt pour gains en capital réalisés lors du transfert des actions d'une société exploitant une petite entreprise et report ou exemption d'impôt pour gains en capital lors du transfert de biens agricoles admissibles en faveur de vos enfants.

2. Techniques de gel successoral de l'entreprise, de sorte que les conséquences fiscales résultant d'une partie ou de toute la plus-value future soient transmises à vos héritiers.

3. Utilisation des assurances pour financer certaines opérations dans le cadre de la planification successorale.

Exemption pour gains en capital sur les actions d'une société exploitant une petite entreprise

Selon les règles d'aliénation réputée, les actions sont réputées avoir été vendues immédiatement avant le décès à leur juste valeur marchande. De même, lors d'un don d'actions à toute autre personne que votre conjoint, vous êtes réputé avoir reçu un produit d'aliénation équivalant à la juste valeur marchande des actions.

Si la valeur de l'entreprise a augmenté sensiblement au cours des années, un gain en capital important vous sera imputé. Un tel montant est admissible à l'exemption cumulative à vie pour gains en capital. Une exemption pour gains en capital totale de 500 000 $ (incluant l'exemption de base de 100 000 $ abolie le 22 février 1994) est possible. Cette exemption s'applique aux gains réalisés sur l'aliénation « d'actions d'une société exploitant une petite entreprise » ou « d'un bien agricole admissible ». Ces termes sont définis dans la loi. Si votre entreprise est exploitée activement et principalement au Canada et que 90 % et plus de la juste valeur marchande de son actif est utilisé dans l'entreprise, elle est probablement admissible à l'exemption de 500 000 $ pour gains en capital. Si votre conjoint possède une part de cette petite entreprise, il peut aussi réclamer la même exemption, ce qui signifie que vous pourrez ensemble éliminer l'impôt sur 1 000 000 $ de gains en capital. Toutefois, si le gain est réalisé au cours d'une seule année, la fraction non imposée pourra être assujettie à l'impôt minimum de remplacement, sauf s'il s'agit de l'année du décès.

Roulement de biens agricoles

De façon à encourager les enfants d'agriculteurs à poursuivre l'exploitation de la ferme familiale après la retraite ou le décès de leurs parents, des règles spéciales permettent de transférer les biens agricoles d'une génération à l'autre en franchise d'impôt. Ces règles de roulement s'appliquent aussi au transfert des actions d'une exploitation agricole familiale (ou d'une société de portefeuille qui détient ce genre d'actions) ainsi qu'au transfert d'une participation dans une société de personnes agricole familiale. De plus, l'exemption de 500 000 $ pour gains en capital peut être réclamée à l'égard de gains réalisés lors de la disposition d'un bien agricole admissible, dans la mesure où elle n'a pas servi à exonérer des gains découlant de l'aliénation d'actions d'une société exploitant une petite entreprise.

Les dispositions de roulement ne font que retarder l'imposition du gain, elles ne le diminuent pas. Par contre, le transfert du bien en vertu de l'exemption à vie augmente le coût fiscal du bien pour l'enfant et se traduit par une diminution du gain en capital lorsque l'enfant décide de se départir de ce bien. L'enfant pourrait même se prévaloir de l'exemption à vie de 500 000 $ lorsqu'il disposera des biens admissibles, si cette exemption existe toujours à ce moment.

Techniques de gel successoral

Une fois que vous avez fixé vos objectifs, il faut que vous choisissiez les techniques qui vous permettront de les atteindre tout en optimisant vos avantages fiscaux. Les techniques présentées ci-dessous font toutes appel au gel de la valeur actuelle de votre entreprise afin de transférer à vos héritiers la totalité ou une partie de sa plus-value éventuelle ainsi que les charges fiscales qui en découlent. Il faut toutefois noter que ces techniques peuvent aussi servir à geler la valeur de tout autre bien entraînant des gains en capital imposables.

On procède habituellement à un gel successoral lorsque la valeur des biens est susceptible d'augmenter considérablement à longue échéance. Un gel vise essentiellement à éliminer ou à reporter toute imposition immédiate, de façon à assurer que la plus-value éventuelle revienne à vos

enfants, en plus de vous assurer de conserver le contrôle de vos biens.

Le choix de la technique de gel dépend notamment des facteurs suivants :

- Genre de biens visés
- Importance de la succession
- Étendue du contrôle que vous comptez exercer sur les biens visés par le gel
- Nombre des parties en cause
- Charges fiscales immédiates, s'il y a lieu, découlant du gel, compte tenu que vous et votre conjoint pouvez vous prévaloir de votre exemption cumulative à vie de 500 000 $ pour gains en capital sur des biens admissibles
- Niveau de complexité que vous pouvez tolérer
- Honoraires à payer
- Souplesse et réversibilité voulues

Les propos qui suivent supposent que les biens utilisés dans une entreprise exploitée activement sont détenus par une société par actions que vous contrôlez. Habituellement, une société par actions rend plus facile et efficace le transfert des biens et la planification successorale. Si vos biens d'entreprise ne sont pas détenus par une société par actions, il est relativement facile de conclure des arrangements pour qu'ils le deviennent.

Vente directe. Pour geler la valeur de vos actions dans une société privée, la méthode la plus simple consiste à les vendre directement à vos enfants majeurs. La vente devrait être effectuée à la juste valeur marchande, et la contrepartie reçue pourrait comprendre un billet équivalant au solde du prix de vente. Vous devriez établir une convention d'achat-vente précisant les conditions de la vente, telles que les modalités de paiement, la date d'échéance de tout montant non payé, le taux d'intérêt en vigueur sur le solde de prix de vente, s'il y a lieu que ce solde porte intérêt, etc. Vous n'êtes pas tenu de réclamer d'intérêt sur le solde à recevoir de vos enfants, mais les règles d'attribution entrent alors en application.

La vente directe comporte toutefois certains inconvénients. Vous serez en effet imposé relativement à tout montant excédant le gain admissible à votre exemption à vie de 500 000 $ pour gains en capital. Vous pouvez aussi être assujetti à l'impôt minimum de remplacement. Il vous est cependant possible de réclamer une provision pour une partie du gain imposable (c'est-à-dire l'exclure de votre revenu) si vous n'encaissez pas immédiatement le produit d'aliénation. Lorsque le montant de la provision sera inclus dans votre revenu pour une année ultérieure, il sera admissible à votre exemption à vie de 500 000 $ pour gains en capital. Souvenez-vous que, même si vous donnez les actions à vos enfants, vous serez réputé avoir reçu un produit d'aliénation égal à leur juste valeur marchande.

Un autre inconvénient de la vente directe : vous pouvez perdre le contrôle de l'entreprise si vous vendez un bon nombre d'actions avec droit de vote à vos enfants. Vous pouvez contourner cette difficulté en souscrivant à de nouvelles actions privilégiées qui donnent plus de droits de vote que les actions ordinaires déjà existantes. Vous conserverez aussi un certain contrôle si vous retenez les actions à titre de gage (c'est-à-dire que vous gardez la possession et le contrôle des titres) jusqu'à ce que le billet remboursable sur demande ait été entièrement payé.

De plus, dans le cadre d'une vente directe, l'argent qui doit éventuellement vous être versé demeure dans la société et peut ainsi être exposé à un certain risque, sauf si les actions sont payées comptant. Vous pouvez résoudre ce problème en demandant à vos enfants de contracter un emprunt pour payer les actions plutôt que de vous remettre un billet remboursable sur demande. Cette mesure vous oblige toutefois à inclure immédiatement la totalité du gain en capital dans vos revenus, tout en risquant l'application de l'impôt minimum de remplacement. La contrepartie peut aussi être versée en partie en argent (en vertu d'un emprunt contracté à l'extérieur) et en partie sous forme de billet (des enfants).

Vente à une société de portefeuille. Une technique de gel successoral très courante consiste à geler la valeur des actions d'une société déjà existante par l'entremise d'une nouvelle société de portefeuille que l'on crée spécifiquement en vue d'acquérir ces actions. La société de portefeuille est constituée par les enfants qui en acquièrent la totalité des actions ordinaires contre un montant minimal. Vous transférez alors vos actions de la société en exploitation à la nouvelle société et vous pouvez généralement exécuter cette opération en reportant l'impôt. Vous obtenez en contrepartie des actions privilégiées avec droit de vote de la nouvelle société, dont la valeur correspond aux actions qui lui sont transférées.

Toute plus-value éventuelle provenant de l'exploitation de la société profite ainsi à vos enfants, mais vous pouvez en conserver le contrôle grâce aux actions privilégiées avec droit de vote de la société de portefeuille. Cette stratégie vous permet de vous fixer un montant de dividende et de rémunération qui répond à vos besoins en plus de continuer à diriger l'entreprise comme auparavant.

L'utilisation d'une société de portefeuille dans le cadre d'un gel successoral présente toutefois un inconvénient. Le rachat ou l'aliénation des actions privilégiées (acquises en contrepartie du transfert de vos actions) de votre vivant peut en effet entraîner la réalisation d'un gain en capital ou d'un dividende réputé. Cependant, votre exemption à vie de 500 000 $ pour gains en capital pourra couvrir une partie ou la totalité du gain en capital si les actions constituent des biens admissibles au moment du rachat ou de l'aliénation. De plus, vous serez peut-être obligé d'obtenir une évaluation professionnelle de la valeur de vos actions.

Gel des éléments d'actif. Vous pouvez aussi envisager de geler la valeur de vos actions en vendant les éléments d'actif de votre société existante à une nouvelle société créée par vos enfants. Cette méthode de gel entraîne beaucoup de travail et des frais considérables. Elle peut également provoquer l'imposition de la taxe de vente et d'autres taxes sur les transferts. Néanmoins, il arrive parfois que le gel des éléments d'actif constitue la meilleure solution, par exemple si votre entreprise est composée de plusieurs divisions pouvant être constituées séparément, chacune pouvant alors être détenue par un enfant.

Gel par remaniement de capital. La structure actuelle du capital-actions de votre société peut être réorganisée de façon à geler la valeur de votre succession. Lorsque la législation le permet, vous pouvez échanger la totalité de vos actions ordinaires contre certaines actions privilégiées avec droit de vote. À la suite de cette opération, vous créez une nouvelle catégorie d'actions ordinaires que vos enfants achètent contre un montant minimal. De cette façon, vous gelez la valeur actuelle de vos actions de la société en exploitation et vos enfants bénéficient de la plus-value éventuelle de cette société grâce à leurs actions ordinaires. Ce genre de gel est relativement simple, ne vous oblige pas à la création d'une nouvelle société et vous permet de réaliser, au besoin, des revenus fixes tirés des actions privilégiées. Comme dans le cas des autres techniques de gel où aucun montant en espèces n'est touché, l'argent qui doit éventuellement vous être versé se trouve toutefois immobilisé dans la société, ce qui l'expose à un certain risque.

Choix d'une technique de gel. Votre décision finale d'une technique de gel ne doit pas se fonder uniquement sur des considérations fiscales. À titre d'exemple, un gel successoral partiel devrait protéger davantage de l'inflation qu'un gel total. Nous vous suggérons de consulter un conseiller professionnel pour vous guider dans votre choix et vous aider à exécuter votre planification. Un gel successoral exige un travail soigné en raison des conséquences fiscales qui en découlent et aussi parce qu'il n'est pas facilement réversible.

Vente à des tiers

Si vous possédez une entreprise, vous pourriez songer à la transférer à des tiers non liés, comme à d'autres actionnaires, à des associés ou à des employés clés, plutôt qu'à vos enfants ou votre conjoint. Ces derniers n'ont peut-être pas la capacité ou la volonté de s'occuper de l'entreprise.

La vente d'actions aux employés peut avoir pour effet d'inciter les meilleurs d'entre eux à demeurer au sein de l'entreprise, de vous décharger de certaines tâches de gestion et de vous aider à effectuer convenablement le transfert des titres de propriété. Cette vente peut être assortie d'un contrat d'emploi à long terme en votre faveur, si vous désirez poursuivre vos activités dans l'entreprise.

Assurance et convention de rachat des actions

Les contrats d'assurance dans le cadre d'une planification successorale visent à assurer la disponibilité de fonds suffisants à votre décès pour permettre l'exécution de toutes vos volontés. Ces contrats sont complexes et requièrent une planification soignée.

Si votre structure de planification s'y prête, vous voudrez probablement vous assurer que votre succession dispose de suffisamment de liquidités pour acquitter l'impôt sur tout gain en capital imposable résultant de votre décès. De plus, vous tenez peut-être à ce que votre associé ou un autre actionnaire de la société par actions achète votre quote-part de l'entreprise à votre décès.

Convention de rachat des actions. Une convention de rachat est essentiellement un contrat conclu entre les actionnaires d'une société. Elle est souvent utilisée dans le cadre de la planification successorale pour s'assurer, par exemple, que les actionnaires survivants ont le droit ou l'obligation d'acheter les actions de l'actionnaire décédé. Une telle convention est avantageuse pour les actionnaires survivants, qui n'apprécient pas nécessairement qu'un étranger devienne actionnaire de la société. Elle l'est également pour la famille du défunt, qui pourrait autrement éprouver de la difficulté à vendre les actions.

Les règles concernant les roulements entre conjoints ne s'appliquent pas aux actions régies par une convention de rachat obligatoire. De plus, l'actionnaire décédé devra, dans sa déclaration de revenus finale, payer l'impôt sur tout gain en capital relatif aux actions si son exemption à vie de 500 000 $ pour gains en capital ne peut être utilisée. Toutefois, lorsque la convention de rachat est structurée de façon à accorder seulement une option d'achat aux actionnaires survivants et que le conjoint survivant dispose d'une option de vente, les actions peuvent alors bénéficier du roulement au conjoint. Tout gain en capital découlant d'une vente ultérieure serait alors imposé entre les mains du conjoint bénéficiaire qui serait admissible à l'exemption à vie de 500 000 $ si elle est encore disponible et si les actions sont admissibles à ce moment.

Quelle que soit la méthode de rachat utilisée, une chose est certaine : la convention ne peut entrer en vigueur que si le mode de financement est assuré. On se sert généralement de l'assurance-vie pour financer ce genre d'opération. L'assurance-vie peut servir au financement d'une convention de rachat sous trois formes différentes.

Assurance réciproque. Dans le cadre d'une telle assurance, chaque actionnaire fait l'acquisition d'une police d'assurance sur la vie de chacun des autres actionnaires. Au décès de l'un d'entre eux, les survivants reçoivent le produit de la police en franchise d'impôt et utilisent ces fonds pour verser à la succession ou aux bénéficiaires la valeur des actions de la personne décédée. Cette méthode comporte toutefois un inconvénient : le coût de ces assurances peut varier considérablement d'un actionnaire à l'autre, en raison de l'âge ou de l'état de santé de chacun des actionnaires.

Assurance détenue par la société par actions. Selon ce genre de police, la société par actions assure elle-même la vie de ses actionnaires et en encaisse le produit à leur décès. Cette méthode est avantageuse, car il revient à la société de payer les primes d'assurance et leur coût est réparti entre les actionnaires selon leur part dans la société. Le produit sert alors à la société pour acheter, de la succession ou du conjoint survivant, les actions de la personne décédée. Ni la personne décédée ni son conjoint n'est habituellement imposé si l'opération est structurée comme il convient. Toutefois, le coût fiscal des actions pour les actionnaires survivants n'est pas augmenté lors du rachat, ce qui signifie en fait que le gain de l'actionnaire décédé leur est transféré. On peut compenser ce résultat en diminuant le prix de rachat pour conserver plus de fonds dans la société par actions ou en augmentant le montant de l'assurance.

Assurance à prime partagée. Ce type d'assurance combine l'assurance réciproque et l'assurance détenue par la société. Chaque actionnaire achète une assurance-vie entière sur la vie d'un autre actionnaire et nomme la société bénéficiaire de sa valeur de rachat. Au décès d'un actionnaire, la société encaisse un montant correspondant à la valeur de rachat de la police alors que les actionnaires survivants touchent la différence entre la couverture d'assurance et la valeur de rachat et s'en servent pour acheter les actions. L'avantage de cette méthode : la société paie la plus grande partie des primes.

Les conventions de rachat, assorties d'un financement au moyen d'une assurance-vie, devraient faire partie intégrante de toute planification successorale où on retrouve des actions de sociétés privées et des actionnaires n'ayant pas de lien de dépendance et, dans certaines situations, avec lien de dépendance. Il est essentiel de consulter un conseiller professionnel pour choisir la méthode d'assurance appropriée.

209

DÉBUT DU PROCESSUS

La planification fiscale ne constitue pas une activité qui s'effectue une fois pour toutes. Il s'agit d'un processus dynamique qui fait appel à diverses techniques au cours des années, selon l'évolution de votre situation. Le présent chapitre a surtout porté sur les aspects fiscaux de la planification successorale, mais il en existe d'autres qui revêtent autant ou plus d'importance pour vous. Avant tout, ne vous pressez pas d'adopter un plan successoral axé sur des aspects fiscaux avant d'avoir examiné attentivement votre situation personnelle et financière. N'oubliez pas que, dans la vie, peu de choses se déroulent exactement comme nous l'avions prévu. Votre planification successorale doit donc s'insérer dans une structure suffisamment souple pour que vous puissiez l'adapter à des événements que vous ne sauriez prévoir à ce jour.

> La planification fiscale ne constitue pas une activité qui s'effectue une fois pour toutes. Elle doit s'insérer dans une structure suffisamment souple pour que vous puissiez l'adapter à des événements que vous ne sauriez prévoir à ce jour.

CHAPITRE 11

Mesures fiscales particulières pour les résidents du Québec

Pour éviter le recouvrement des déductions REA, avez-vous acheté des actions de remplacement?

Avez-vous songé à profiter des déductions pour investissement dans les SPEQ (sociétés de placements dans l'entreprise québécoise)?

Vos actions REA peuvent constituer une contribution à votre REER.

Le partage du patrimoine familial est un élément important de votre planification fiscale et successorale.

énéralement, le gouvernement du Québec harmonise sa législation fiscale avec celle du gouvernement fédéral. Par contre, il existe des différences, notamment en ce qui a trait aux crédits d'impôt personnels. À cet égard, vous trouverez au chapitre 13 des tableaux qui résument les montants des crédits et de certaines autres particularités du système québécois.

De plus, le gouvernement du Québec accorde à ses résidents des avantages fiscaux qui sont offerts en parallèle avec ceux du gouvernement fédéral ou qui constituent des mesures originales, adaptées aux besoins de l'économie québécoise. Ces avantages servent essentiellement à promouvoir les investissements dans des secteurs stratégiques, tels que l'exploration minière, la production cinématographique, la recherche scientifique, la capitalisation des entreprises, etc.

Le présent chapitre commente certaines mesures fiscales particulières applicables aux résidents du Québec.

Déductions, crédits d'impôt, remboursement et réduction

Revenu d'emploi

Certaines cotisations annuelles sont déductibles du revenu d'emploi uniquement au Québec. Il s'agit notamment de la cotisation à une association de salariés reconnue par le ministre comme ayant pour objets principaux l'étude, la sauvegarde et le développement des intérêts économiques de ses membres et de la cotisation dont le paiement est requis pour être membre d'une association artistique reconnue par le ministre.

Mentionnons également que lorsque le revenu d'emploi s'exerce à l'étranger dans le cadre de certains genres d'entreprises (construction, ingénierie, etc.), il donne droit à un crédit d'impôt en vertu de la législation fédérale tandis qu'une déduction est plutôt accordée dans la législation québécoise. Dans les deux cas, certaines conditions doivent être satisfaites pour avoir droit à ce traitement fiscal avantageux.

Frais de scolarité

Les frais de scolarité sont également traités différemment en vertu des deux législations. Lorsque ceux-ci sont supérieurs à 100 $, ils donnent droit à un crédit d'impôt de 17 % au fédéral. Le crédit inutilisé peut également être transféré au conjoint ou à un parent jusqu'à concurrence de 680 $. En vertu de la législation québécoise, les frais de scolarité doivent plutôt être déduits dans le calcul du revenu net et par l'étudiant seulement. De plus, les frais d'examen des corporations professionnelles mentionnées dans l'annexe I du Code des professions, soit les professions d'exercice exclusif et à titre réservé, sont déductibles lorsque les examens sont requis pour devenir membre et exercer l'une ou l'autre des professions mentionnées dans cette annexe.

Dons de bienfaisance

Les dons de bienfaisance donnent droit à un crédit d'impôt, tout comme au fédéral, mais le taux du crédit d'impôt est différent. Selon la législation fédérale, la première tranche de 200 $ donne droit à un crédit d'impôt de 17 % et tout excédent donne droit à un crédit de 29 %. La législation québécoise prévoit plutôt un crédit uniforme de 20 % sur l'ensemble des dons.

Divers

Certains éléments contenus dans la législation québécoise n'ont pas d'équivalent dans la législation fédérale.

Ainsi, dans le but de compenser une partie de la taxe sur les carburants, le détenteur d'un permis pour véhicule-taxi a droit à un crédit d'impôt égal à 500 $ par permis, pour autant qu'il ne bénéficie pas d'une réduction de la taxe sur les carburants à titre de détenteur de permis dans certaines régions frontalières ou périphériques.

Les particuliers qui résident au Québec le 31 décembre peuvent obtenir un remboursement d'impôts fonciers : ce remboursement est disponible aux locataires comme aux propriétaires. Le montant du remboursement est fonction du revenu total du particulier et de celui de son conjoint ainsi que du montant d'impôts fonciers de l'année. Pour l'année 1994, le maximum est fixé à 514 $.

Enfin, les familles à faibles ou moyens revenus peuvent obtenir une réduction d'impôt. Il s'agit bien d'une réduction, car elle permet de réduire l'impôt québécois à payer mais ne donne pas droit à un remboursement. Le montant de la réduction est fonction du revenu total du particulier, de celui de son conjoint et de celui d'un enfant à charge, s'il y a lieu. Pour l'année 1994, le maximum est fixé à 970 $ par personne ou 1 500 $ pour un couple ayant au moins un enfant à charge. Le parent d'une famille monoparentale ne partageant pas un logement autonome avec un autre adulte peut bénéficier d'une réduction de 1 195 $.

Régime d'épargne-actions du Québec

Pour favoriser les investissements dans le capital-actions des entreprises québécoises et pour diminuer le fardeau fiscal des particuliers résidant au Québec, le gouvernement québécois a introduit, en 1979, le Régime d'épargne-actions (REA). Au fil des ans, le REA a subi plusieurs rajustements qui l'ont rendu beaucoup moins attrayant. Il demeure malgré tout un outil de planification intéressant si vous êtes prêt à acquérir des actions sur le marché boursier.

Afin de limiter les risques liés à ce genre d'investissement, vous pouvez investir par l'intermédiaire d'un fonds ou d'un groupe d'investissement REA.

Il ne faut cependant pas oublier que l'avantage fiscal obtenu d'un REA peut fondre avec la valeur boursière des actions. Par conséquent, même lorsque les actions sont admissibles au REA, le premier critère à considérer avant d'en faire l'achat demeure

214

leur potentiel de rendement et de croissance. Afin de limiter les risques liés à ce genre d'investissement, vous pouvez investir par l'intermédiaire d'un fonds ou d'un groupe d'investissement REA. Cela vous permet notamment de détenir une part dans un portefeuille diversifié constitué de titres admissibles au REA sans que votre investissement soit considérable.

Avantage fiscal

Si vous résidez au Québec à la fin d'une année d'imposition et que vous avez acquis des actions admissibles au REA au cours de cette année, vous pouvez déduire le coût rajusté de ces actions de votre revenu imposable, jusqu'à concurrence de 10 % de votre revenu total. Le « revenu total » est votre revenu net figurant dans la déclaration de revenus du Québec, moins l'exemption pour gains en capital utilisée dans l'année. Pour être admissibles, les actions doivent avoir été acquises avant la fin de l'année d'imposition et incluses dans le REA avant le 1er février de l'année suivante.

La déduction permise est limitée au « coût rajusté » de vos actions, c'est-à-dire le coût (100 %) des actions, sans tenir compte des frais d'emprunt, de courtage ou de garde. Ces actions doivent être émises par des « sociétés en croissance », c'est-à-dire des sociétés dont l'actif se situe entre 2 000 000 $ et 250 000 000 $.

De plus, ces sociétés en croissance peuvent émettre des débentures ou des actions privilégiées non garanties qui donnent aux acquéreurs une déduction de 50 % dans le cadre du REA. Pour être admissibles, ces titres doivent notamment être convertibles en tout temps en actions ordinaires comportant droit de vote en toute circonstance et ils doivent être inscrits à la cote de la Bourse de Montréal.

Exemple :

Vous achetez dans votre REA des actions de sociétés en croissance pour un montant de 3 000 $. En 1994, votre revenu net est de 50 000 $ et vous avez réalisé un gain en capital imposable de 10 000 $ pour lequel l'exemption pour gains en capital a été utilisée.

Votre déduction REA s'élèvera au moindre des deux éléments suivants :

▪ coût rajusté des actions
  3 000 $ × 100 %   3 000 $

▪ 10 % du revenu total
  10 % × (50 000 $ − 10 000 $)   4 000 $

soit 3 000 $.

Les frais de gestion d'un REA et les frais d'emprunt pour l'achat des actions constituent des frais financiers déductibles annuellement.

Déductions additionnelles

Les actions incluses dans un REA donnent droit à une déduction additionnelle de 25 % du coût des actions lorsqu'elles sont acquises dans le cadre d'un régime d'actionnariat. Un employeur peut créer un tel régime afin d'inciter ses employés à acquérir des actions qu'il émet lors d'un appel public à l'épargne. Ce régime doit s'adresser à tous les employés et cadres ayant plus de trois mois de service et qui possèdent moins de 5 % du capital-actions de la société immédiatement avant l'acquisition d'autres actions dans le cadre du régime d'actionnariat.

Recouvrement des déductions

Pendant au moins deux années civiles complètes, vous devez conserver dans votre portefeuille REA des actions ayant un coût rajusté équivalant au montant pour lequel vous avez obtenu une déduction. Si vous ne respectez pas cette condition, vous êtes tenu d'inclure, dans votre revenu de l'année où cette condition n'est plus respectée, une partie ou la totalité des déductions accordées précédemment, ou encore il vous faudra diminuer le montant de la déduction à laquelle vous pourriez autrement avoir droit dans l'année.

À titre d'exemple, si, au cours de 1993, vous avez fait l'acquisition de 1 000 $ d'actions qui donnaient alors droit à une déduction de 50 % au titre du REA et que vous vendez ces actions au cours de 1994, vous devrez acheter, avant la fin de 1994, des actions de remplacement ayant un coût rajusté de 500 $ pour éviter que la déduction obtenue ne soit ajoutée à votre revenu de 1994. Toutefois, vous ne pourrez pas profiter d'une nouvelle déduction REA pour ces actions de remplacement.

En plus des actions nouvellement émises, les actions de remplacement comprennent celles des sociétés en croissance ayant déjà donné droit à la déduction REA, si elles sont achetées sur le marché secondaire et inscrites sur la liste publiée par la Commission des valeurs mobilières du Québec.

Il est à noter que les titres de très grandes corporations, soit celles dont l'actif est de 2,5 milliards de dollars ou plus, qui étaient toujours inclus dans un REA au 1er janvier 1994 ont fait l'objet d'un retrait réputé du régime à cette date, ce qui peut entraîner un recouvrement de déductions dans certains cas.

Gain en capital et dividendes

Les dividendes reçus sur vos actions REA sont traités comme tout autre dividende reçu sur d'autres actions. À la vente des actions, le calcul du gain ou de la perte en capital s'effectue de la façon habituelle. Le coût réel des actions n'est pas réduit par l'avantage fiscal reçu.

REA ou REER

Contrairement au REER qui permet uniquement de reporter le paiement de l'impôt, le REA constitue une économie réelle d'impôt. Le REER permet cependant d'obtenir une diminution d'impôt immédiate tant au fédéral qu'au Québec alors que la déduction REA ne s'applique qu'au Québec.

Une action figurant au REA ne doit pas être incluse en même temps dans un autre régime fiscal. Toutefois, vous pouvez

Vous pouvez contribuer successivement à votre REA puis à votre REER, en utilisant les mêmes fonds, et obtenir pour la même année à la fois la déduction REA et celle qu'offre le REER. Cela est possible en raison du fait que les dates limites de contribution sont différentes.

contribuer successivement à votre REA puis à votre REER, en utilisant les mêmes fonds, et obtenir pour la même année à la fois la déduction REA et celle qu'offre le REER. Cela est possible en raison du fait que les dates limites de contribution sont différentes. En effet, les actions incluses dans le REA doivent être acquises avant la fin de l'année tandis qu'il est possible de contribuer au REER durant les 60 jours de l'année suivante. Ainsi, il est possible de vendre les actions REA au début de l'année suivant leur acquisition puis d'utiliser le produit de la vente pour contribuer au REER. Pour éviter le recouvrement des déductions, il faudra remplacer les actions REA avant la fin de l'année de la vente, à moins que d'autres actions conservées pendant plus de deux ans dans le portefeuille REA aient un coût rajusté suffisant pour servir d'actions de remplacement. La double déduction n'est donc que temporaire, mais elle peut être utile si vous ne disposez pas de liquidités en quantité suffisante à cette époque de l'année.

Régime d'investissement coopératif

Pour favoriser les investissements dans certaines coopératives québécoises, le gouvernement du Québec a introduit le Régime d'investissement coopératif (RIC) qui accorde une déduction au particulier qui acquiert un titre admissible émis par une coopérative admissible. Cette déduction est permise uniquement au particulier membre ou travailleur de la coopérative et à un employé d'une société de personnes si la coopérative admissible participe à plus de 50 % au revenu de la société.

La déduction et la période de détention de deux années sont déterminées de façon analogue à celles du REA. La déduction permise est de 100 % du coût des titres acquis tout en respectant la limite de 10 % du revenu total. La déduction de base est de 125 % pour les parts émises par les coopératives de petite ou moyenne taille, c'est-à-dire celles dont l'actif est de moins de 25 000 000 $ ou dont l'avoir est d'au plus 10 000 000 $.

Lorsqu'une coopérative met sur pied un régime semblable à celui commenté dans la section REA (c'est-à-dire un régime permettant à ses employés et cadres d'acquérir des titres de la coopérative), une déduction additionnelle de 25 % est alors permise, portant ainsi la déduction totale à 125 % ou 150 % du coût des titres acquis.

Sociétés de placements dans l'entreprise québécoise

La « société de placements dans l'entreprise québécoise » (SPEQ) est une société constituée au Québec dont les activités principales consistent à acquérir des actions d'autres sociétés privées admissibles et non liées. Ces dernières doivent exercer leurs activités surtout au Québec et dans des secteurs particuliers, tels que la fabrication, le tourisme, l'exportation, la protection de l'environnement, etc. La SPEQ est un véhicule de financement pour ces sociétés admissibles ; elle sert d'intermédiaire entre les investisseurs et les sociétés privées. Elle n'est pas cotée en bourse.

Avantage fiscal

Si vous résidez au Québec le 31 décembre d'une année d'imposition et que vous achetez des actions ordinaires d'une SPEQ, vous aurez droit de déduire de votre revenu imposable, aux fins de l'impôt du Québec, 125 % de votre coût d'achat, pourvu que ce coût corresponde à votre engagement financier. Cette déduction ne pourra cependant être permise que lorsque la SPEQ aura elle-même investi cet argent dans l'acquisition d'actions ordinaires d'une société admissible. Une déduction supplémentaire de 25 % pourra être allouée en fonction des investissements que la SPEQ fera dans une PME située à l'extérieur des grands centres urbains. De plus, si les actions de la SPEQ sont acquises dans le cadre d'un **régime d'actionnariat** visant à favoriser l'acquisition, par les employés, d'actions de leur employeur par l'entremise d'une SPEQ, une autre déduction supplémentaire de 25 % sera accordée. La déduction totale pourrait ainsi atteindre 175 %.

La déduction utilisée au cours d'une année donnée ne doit toutefois pas excéder 30 % de votre revenu total. La partie non réclamée une année, en raison de cette limite, peut être reportée sur les cinq années suivantes.

L'investissement dans une SPEQ n'a pas d'incidence sur les limites de contributions au REER et au REA. Contrairement au REA, vous n'êtes pas tenu de conserver vos titres durant un minimum de deux années ; c'est plutôt la SPEQ qui doit respecter cette condition. Il est même possible de profiter de l'exemption pour gains en capital de 500 000 $ applicable à ces actions si la SPEQ constitue une « entreprise exploitée activement » et si les autres critères prévus par la loi sont respectés.

Régime d'épargne parts permanentes des caisses

Même si aucune déduction n'est permise depuis l'année 1993, le régime existe toujours puisque les titres doivent faire l'objet d'une période de détention minimale comprenant deux années civiles.

Films certifiés québécois

La législation québécoise contient un mécanisme spécial afin de faciliter la collecte de fonds externes pour des entreprises de production cinématographique qui ont atteint une taille suffisante pour être inscrites à la Bourse de Montréal. Ce mécanisme permet à des sociétés publiques de pouvoir renoncer en faveur de leurs actionnaires à leur crédit d'impôt à la production cinématographique et télévisuelle.

Ainsi, les dépenses de main-d'œuvre admissibles, à l'égard desquelles une telle société a renoncé au crédit d'impôt, peuvent être incluses dans un compte relatif au financement de films certifiés québécois et faire l'objet d'une déduction additionnelle de 100 % par l'actionnaire.

Cependant, dans tous les cas, le montant de la déduction additionnelle ne peut pas permettre que le total des déductions accordées à l'égard d'un titre excède 200 %.

Exploration minière et secteurs pétrolier et gazier

L'acquisition d'actions accréditives, directement ou par l'intermédiaire d'une société en commandite, permet de profiter d'allégements fiscaux aux fins de l'impôt du Québec. Des déductions additionnelles sont aussi prévues pour les frais d'exploration engagés au Québec jusqu'à la fin de 1995, sous réserve d'un délai de grâce de 60 jours. Les frais d'exploration minière de surface engagés au Québec peuvent donner droit à une déduction équivalant à 175 % du montant de tels frais, dans certains cas. De plus, dans certaines circonstances, une exemption spéciale est accordée à l'égard du gain en capital réalisé lors de la vente d'actions accréditives donnant droit aux allégements fiscaux reliés à l'exploration.

Patrimoine familial

Depuis le 1er juillet 1989, les personnes mariées doivent tenir compte, advenant le partage du patrimoine familial (divorce, séparation de corps, annulation du mariage et décès), des règles concernant l'égalité économique des époux (Loi 146).

De façon générale, ces règles portent sur le partage de certains biens entre les époux, non pas sur une base individuelle de bien par bien, mais plutôt sur la valeur nette de ceux-ci, en créant un droit de créance.

Les biens visés par le partage sont les résidences principale et secondaire du couple, les meubles des résidences, les véhicules automobiles utilisés pour les déplacements de la famille, ainsi que les droits accumulés pendant le mariage au titre d'un régime de retraite public ou privé. Sont exemptés : les biens ci-dessus décrits acquis par succession, legs ou donation avant ou pendant le mariage.

Dans le cadre d'une planification fiscale et successorale, la personne qui fait un legs particulier à son conjoint devrait considérer les incidences du partage du patrimoine familial : en plus du legs, le conjoint aura droit à 50 % de la valeur nette des biens faisant partie du patrimoine familial.

Sociétés faisant affaires au Québec

Taux d'imposition

Dans le chapitre 8, nous avons discuté des avantages des entreprises constituées en sociétés par actions, tant du point de vue de l'imposition que de celui des possibilités de planification qu'elles offrent. Nous avons mentionné que la structure des taux d'imposition des sociétés par actions varie en fonction de la province où le revenu est gagné ainsi qu'en fonction du genre et du montant du revenu réalisé.

Le taux de base de l'impôt québécois applicable aux sociétés faisant affaires au Québec est de 16,25 %. Cependant, le revenu d'entreprise exploitée activement bénéficie d'une réduction. Généralement, lorsque le revenu d'une société a bénéficié de la « déduction accordée aux petites entreprises » (DPE) dans la déclaration de revenus fédérale, la législation québécoise lui accorde une réduction de 10,5 %. Par contre, lorsque le revenu d'entreprise exploitée activement n'a pas profité de cette déduction fédérale, la réduction accordée en vertu de la législation québécoise est alors de 7,35 %.

Le tableau suivant illustre les taux d'imposition réels du Québec applicables aux sociétés faisant affaires au Québec.

	Revenu d'entreprise exploitée activement		Tout autre revenu
	Admissible à la DPE	Non admissible à la DPE	
Taux de base	16,25 %	16,25 %	16,25 %
Réduction accordée	10,50	7,35	–
Taux réel	5,75	8,90	16,25

Exonération d'impôt

En vue de stimuler la création de nouvelles entreprises au Québec, la législation québécoise permet une exonération d'impôt sur le revenu pour certaines sociétés. Cette exonération d'impôt pour les trois premières années d'imposition des nouvelles sociétés par actions s'applique uniquement au revenu d'entreprise exploitée activement admissible à la déduction pour petite entreprise.

Une société est admissible à l'exonération pour une année d'imposition si :

▨ elle a été constituée après le 1er mai 1986 ;

222

▓ elle ne résulte pas d'une fusion de plusieurs sociétés;

▓ l'année est l'une de ses trois premières années d'imposition; et

▓ elle produit sa déclaration d'impôt au plus tard six mois après la fin de sa première année d'imposition.

Par contre, elle n'est pas admissible à l'exonération pour l'année si, entre autres, elle:

▓ était associée à une autre société;

▓ n'était pas une « corporation privée dont le contrôle est canadien »;

▓ exploitait une entreprise de services personnels; ou

▓ exploitait une entreprise admissible à titre de membre d'une société de personnes.

Recherche et développement

Dans le but de stimuler la recherche et le développement (R & D) au Québec, la législation québécoise accorde plusieurs crédits d'impôt remboursables à toute société par actions qui effectue de telles dépenses.

Ainsi, le crédit de base est de 20 % des salaires versés au Québec dans le cadre de dépenses de R & D effectuées au Québec. Ce crédit est majoré lorsqu'une société par actions satisfait à certains critères ou lorsque les dépenses sont engagées à des fins particulières:

▓ taux de 40 % sur la première tranche de 2 000 000 $ de salaires versés au Québec par une société par actions dont l'actif est inférieur à 25 000 000 $ ou dont l'avoir net des actionnaires est d'au plus 10 000 000 $;

▓ taux de 40 % de la totalité des dépenses de R & D effectuées au Québec dans le cadre:

▓ d'un contrat de recherche universitaire ou avec un centre de recherche public prescrit;

▓ d'un projet de recherche précompétitive;

▓ d'un projet mobilisateur reconnu par le gouvernement et ayant obtenu la certification du Fonds de développement

223

technologique (FDT) (et possibilité d'obtenir des subventions égales à 50 % des autres dépenses) ;

- d'un projet de consortium de R & D ;
- d'un projet d'innovation technologique environnementale ayant obtenu la certification du FDT (et possibilité d'obtenir des subventions égales à 40 %, 50 % ou 100 % des autres dépenses).

Formation

Dans le but d'inciter les sociétés à voir à la formation de leur personnel, la législation québécoise accorde des crédits d'impôt remboursables à toute société qui effectue des dépenses de formation admissibles. Le crédit est majoré pour les petites et moyennes entreprises (PME) dont l'actif est inférieur à 25 000 000 $ ou dont l'avoir net des actionnaires est d'au plus 10 000 000 $.

Les dépenses admissibles comprennent généralement les éléments suivants : les plans de formation, les frais de formation engagés auprès d'institutions reconnues et, à certaines conditions, les salaires versés aux employés pendant leur période de formation, ainsi que leurs frais de déplacement, s'il y a lieu. Elles comprennent également certaines dépenses engagées par les entreprises qui acceptent de supporter une partie des coûts des activités de formation de leurs ex-employés, et les dépenses reliées à des stages réalisés en entreprise par des étudiants du secteur professionnel secondaire ou collégial et par certains apprentis.

Lorsque les activités de formation admissibles auxquelles se rapportent les dépenses de formation admissibles sont complétées au plus tard le 31 décembre 1996, le taux du crédit est de 40 % des dépenses effectuées par les PME. Le taux du crédit est de 20 % des dépenses effectuées par toute autre société par actions.

CHAPITRE 12

Remboursement de la TPS et de la TVQ aux salariés et aux associés

Êtes-vous un inscrit aux fichiers de la TPS et de la TVQ ?

●

Si vous ne l'êtes pas, saviez-vous que vous pouvez réclamer
un remboursement de la TPS et de la TVQ payées
sur certains de vos achats ?

●

Vous pouvez réclamer un remboursement si vous avez déduit,
dans le calcul de votre revenu aux fins de l'impôt sur le revenu,
des dépenses telles que des frais de représentation,
de bureau et autres.

●

Vous pouvez également réclamer un remboursement
si vous détenez une automobile, un instrument de musique
ou un aéronef pour lesquels vous avez réclamé une allocation
du coût en capital dans le calcul de votre revenu
aux fins fiscales.

●

N'oubliez pas de joindre à votre déclaration de revenus
le formulaire GST370F (au fédéral) et
le formulaire VD358 (au Québec).

C omme vous le savez, tous les Canadiens doivent acquitter une taxe de 7 % sur la majorité des biens et des services qu'ils consomment (la TPS). Une taxe de 6,5 % (TVQ) doit également être payée au Québec depuis le 13 mai 1994. Du 1er juillet 1992 au 12 mai 1994, la TVQ était de 8 % sur les biens meubles et de 4 % sur les immeubles et les services.

Principe

Seuls les inscrits ont généralement droit à un remboursement de la TPS et de la TVQ payées. Puisque ce ne sont pas tous les contribuables qui peuvent bénéficier de ce régime de remboursement de la TPS et de la TVQ et pour que ces taxes ne représentent pas un coût additionnel, certaines personnes, telles que les salariés et les associés de sociétés de personnes, peuvent, à certaines conditions, obtenir un remboursement de la TPS et de la TVQ payées même s'ils ne sont pas inscrits. Ce remboursement s'obtient en joignant un formulaire spécifique à la déclaration fiscale et n'est disponible qu'à l'égard des dépenses déductibles dans le calcul de leur revenu aux fins de l'impôt sur le revenu. Le remboursement de TPS est égal à 7/107 des dépenses nettes (6,5/106,5 aux fins de la TVQ depuis le 13 mai 1994).

N'oublions pas que le remboursement de la TPS et de la TVQ reçu par un contribuable doit être ajouté dans le calcul de son revenu pour l'année d'imposition au cours de laquelle le remboursement est reçu. À titre d'exemple, les montants donnant droit à un remboursement de la TPS et de la TVQ pour l'année 1993, mais reçus en 1994, doivent être inclus dans le revenu de 1994.

Qui a droit au remboursement

Seuls les salariés d'un employeur inscrit et les associés d'une société de personnes inscrite peuvent obtenir un remboursement. À titre d'exemple, le salarié d'un organisme à but non lucratif aura droit à un remboursement seulement si l'organisme est un inscrit. De plus, l'inscrit ne doit pas avoir droit à un remboursement de la TPS et de la TVQ à l'égard de la dépense admissible en cause.

Les salariés les plus susceptibles d'obtenir ce remboursement sont les vendeurs à commission et autres, ainsi que les salariés et associés ayant des frais afférents à un véhicule moteur.

Un employé ne peut réclamer le remboursement aux fins de la TPS si son employeur est une institution financière désignée. À titre d'exemple, un vendeur à commission d'une firme de courtage ou d'une compagnie d'assurance-vie n'est pas admissible à un remboursement de la TPS sur des dépenses déduites dans le calcul de son revenu. Cette restriction n'existe pas aux fins de la TVQ.

Quelles sont les dépenses admissibles ?

Le remboursement est accordé au contribuable uniquement à l'égard des dépenses déductibles, aux fins de l'impôt sur le revenu, dans le calcul du revenu d'emploi ou du revenu provenant de la société de personnes. Parmi les dépenses qui donneraient normalement droit à un remboursement, notons les frais de représentation, les frais de publicité, les cotisations professionnelles, les dépenses de bureau, les frais de location, les fournitures diverses et les frais d'automobile telle la déduction pour amortissement. La déduction pour amortissement n'est incluse dans les dépenses admissibles que si elle est applicable à une automobile (ou à un autre véhicule moteur), à un instrument de musique ou à un aéronef. À titre d'exemple, l'amortissement relatif à du matériel informatique ne serait pas admissible à un remboursement. Si le remboursement se rapporte au coût en capital d'un bien, le remboursement réduit le coût en capital du bien au moment où le remboursement est reçu.

Il est à noter que les dépenses qui ont fait l'objet d'une indemnité raisonnable versée par l'employeur ne sont pas admissibles à un remboursement de taxe. Cependant, un employé ou un associé peut réclamer un remboursement de la TPS ou de la TVQ lorsqu'il a reçu une indemnité non raisonnable, c'est-à-dire une indemnité qui doit être incluse dans son revenu. Dans un tel cas, l'employé ou l'associé doit obtenir une attestation de l'employeur ou de la société de personnes à cet effet.

Aux fins de la TVQ, compte tenu que plusieurs dépenses déduites dans le calcul du revenu ne donnent pas droit au remboursement, notamment plusieurs dépenses reliées à une automobile (incluant les frais de fonctionnement et l'amortissement), les frais de téléphone et autres services de télécommunication ainsi que les frais de représentation, le salarié ou l'associé ne pourra obtenir un remboursement de la TVQ payée que sur certaines dépenses bien limitées.

Production de la demande

Généralement, les demandes de remboursement sont présentées en même temps que la déclaration de revenus du salarié ou de l'associé pour l'année civile où les dépenses sont engagées et elles nécessistent la production du formulaire GST 370F aux fins de la TPS et du formulaire VD 358 aux fins de la TVQ. La demande de remboursement peut toutefois être présentée dans les quatre ans suivant la fin de l'année civile visée par le remboursement. Dans le calcul du remboursement, lorsqu'on se réfère à la contrepartie pour une dépense, celle-ci correspond au montant payé (qui inclut par ailleurs le montant de la TVQ payée). Un associé peut réclamer le remboursement de la TPS ou de la TVQ sur la base de l'année civile plutôt que sur la base de l'exercice de la société si l'associé déduit les montants de ses dépenses aux fins de l'impôt sur le revenu sur la base de l'année civile.

Exemple

CALCUL DU REMBOURSEMENT			
	Dépenses du vendeur	Remboursement de la TPS calculé sur	Remboursement de la TVQ calculé sur
Frais de représentation	800 $	800 $	–
Dépenses de bureau :			
– Électricité	400	400	–
– Impôts fonciers	200	–	–
– Assurance	300	–	–
Fournitures	100	100	100
Frais d'automobile :			
– DPA	1 000	1 000	–
– Intérêts	200	–	–
– Assurance	400	–	–
– Frais de fonctionnement	150	150	–
– Frais de réparation	150	150	150
	3 700 $	2 600 $	250 $

Remboursement :

▨ Le vendeur a droit à un remboursement de la TPS de 170 $, soit 7/107 de 2 600 $, et à un remboursement de la TVQ de 15,26 $, soit 6,5/106,5 de 250 $ (si les dépenses sont engagées après le 12 mai 1994).

▨ Les impôts fonciers, les frais d'assurance et les frais d'intérêts n'étant pas assujettis à la TPS, aucun remboursement n'est accordé à leur égard. Aux fins de la TVQ, les frais d'assurance sont assujettis à la taxe sur les assurances mais ne donnent pas droit à un remboursement.

▨ Une partie du remboursement de la TPS (105 $) a trait aux dépenses et doit être incluse dans le revenu du salarié aux fins de l'impôt sur le revenu, tandis qu'une autre partie correspondant à 65 $ réduit le coût en capital sur lequel la déduction pour amortissement peut être réclamée. Le remboursement de 15,26 $ de la TVQ doit être inclus dans le revenu.

▓ Compte tenu des limitations au remboursement de la TVQ, aucun remboursement n'est disponible pour les dépenses suivantes : frais de représentation, dépenses de bureau et frais d'automobile (sauf pour les frais de réparation et d'entretien).

CHAPITRE 13

Taux d'imposition et crédits d'impôt personnels 1994

TAUX D'IMPÔT FÉDÉRAL 1994

Revenu imposable	Impôt
29 590 $ ou moins	0 $ + 17 % sur les 29 590 $ suivants
29 590 $	5 030 $ + 26 % sur les 29 590 $ suivants
59 180 $	12 724 $ + 29 % sur l'excédent

Cette table ne tient pas compte de la surtaxe fédérale de 3 % sur le total de l'impôt fédéral et de la surtaxe de 5 % sur l'impôt fédéral excédant 12 500 $.

TAUX D'IMPÔT FÉDÉRAL SUR LE REVENU 1994 – Y COMPRIS LA SURTAXE (1)

Revenu imposable	Impôt
29 590 $ ou moins	0 $ + 17,51 % sur les 29 590 $ suivants
29 590 $	4 051 $ + 26,78 % sur les 29 590 $ suivants
59 180 $	11 975 $ + 29,87 % sur les 3 015 $ suivants
62 195 $ (2)	12 876 $ + 31,32 % sur l'excédent

IMPÔT FÉDÉRAL 1994 – RÉSIDENTS DU QUÉBEC SEULEMENT (3)

Revenu imposable	Impôt
29 590 $ ou moins	0 $ + 14,71 % sur les 29 590 $ suivants
29 590 $	3 402 $ + 22,49 % sur les 29 590 $ suivants
59 180 $	10 057 $ + 25,09 % sur les 3 015 $ suivants
62 195 $ (2)	10 813 $ + 26,54 % sur l'excédent

(1) Les impôts exigibles tiennent compte du crédit d'impôt personnel de base.

(2) Le crédit d'impôt personnel de base a été pris en considération pour déterminer à quelle tranche de revenu la surtaxe additionnelle commence à s'appliquer.

(3) Ce tableau tient compte de la surtaxe fédérale, de l'abattement de 16,5 % pour les résidents du Québec et du crédit d'impôt personnel de base.

232

IMPÔT DU QUÉBEC 1994 (1)

Revenu imposable	Impôt
7 000 $ ou moins	0 $ + 16 % sur les 7 000 $ suivants
7 000 $	1 120 $ + 19 % sur les 7 000 $ suivants
14 000 $	2 450 $ + 21 % sur les 9 000 $ suivants
23 000 $	4 340 $ + 23 % sur les 27 000 $ suivants
50 000 $	10 550 $ + 24 % sur l'excédent

(1) Cette table ne tient pas compte de la surtaxe de 5 % sur l'impôt du Québec excédant 5 000 $, de la surtaxe additionnelle de 5 % sur l'impôt du Québec excédant 10 000 $ ni de la réduction d'impôt du Québec. Cette dernière correspond à 2 % de la différence entre 10 000 $ et l'impôt à payer après avoir soustrait les crédits d'impôt non remboursables.

CRÉDITS D'IMPÔT PERSONNELS 1994
VALEUR DES CRÉDITS DU QUÉBEC

	Crédit du Québec	Crédit fédéral (1)
De base	1 180	950
De personne vivant seule (2)	210	–
De conjoint (3)	1 180	791
D'enfant à charge (4), (5)		
général		
1er enfant	520	–
2e enfant et suivants	480	–
pour études postsecondaires (6)	330	–
pour famille monoparentale (5), (7)	260	–
D'autres personnes à charge (5), (8)		
général	450	–
atteintes d'une infirmité (9)	1 180	233
De personne âgée de 65 ans ou plus (10)	440	512
De personne atteinte d'une déficience physique ou mentale (10)	440	623
De membre d'un ordre religieux	792	–
Revenu de pension (11)	200	147

Notes :
(1) Le calcul des crédits d'impôt du fédéral pour les résidents du Québec repose sur l'hypothèse que le crédit réduit la surtaxe fédérale (3 %). Le crédit reflète également l'abattement fédéral de 16,5 %.

(2) Le crédit pour une personne vivant seule est alloué à une personne célibataire qui tient un établissement domestique autonome, ou si elle est mariée, elle vit seule ou avec des enfants à charge. L'équivalent du crédit du conjoint qui existe aux fins de l'impôt fédéral a été remplacé dans le régime fiscal du Québec par une combinaison du crédit pour le chef d'une famille monoparentale, du crédit pour la première personne à charge et du crédit pour la personne vivant seule dans un logement. En plus de ces crédits, le régime fiscal du Québec prévoit également des réductions d'impôt pour les familles. L'admissibilité à ces réductions d'impôt repose sur le niveau des revenus.

(3) Au Québec, ce crédit est réduit de 20 % du revenu net du conjoint. Le crédit fédéral est réduit de 17 % du revenu net du conjoint excédant 538 $. Le mot « conjoint » inclut également les conjoints de fait.

(4) Les enfants à charge comprennent les enfants, petits-enfants, sœurs, frères, nièces et neveux de moins de 18 ans à un moment de l'année ou de plus de 18 ans et aux études à temps plein.

(5) Pour tous les crédits d'impôt du Québec demandés relativement à une personne à charge, le montant du crédit est réduit du revenu net de la personne à charge, avant d'appliquer le taux de conversion de 20 %. Cette réduction s'applique à l'ensemble des crédits disponibles pour une même personne. Au fédéral, les crédits d'impôt pour enfants et les allocations familiales ont été remplacés depuis le 1er janvier 1993 par une prestation mensuelle unique généralement versée à la mère. Le montant est déterminé en fonction du revenu familial des années antérieures, du nombre d'enfants (supplément pour chaque enfant additionnel à compter du troisième) et de leur âge (supplément pour chaque enfant de moins de 7 ans). Tous les enfants âgés de moins de 18 ans donnent droit à la prestation. Les montants sont indexés annuellement en fonction de la hausse des prix à la consommation supérieure à 3 %.

(6) Ce crédit supplémentaire est accordé lorsqu'une personne à charge poursuit des études postsecondaires à temps plein.

(7) Le crédit pour une famille monoparentale peut être accordé relativement à un enfant à charge si le crédit pour un conjoint n'est pas demandé et que le contribuable ne vit pas avec un conjoint de fait, n'est pas marié ou, s'il est marié, il ne vit pas avec le conjoint et n'est pas à sa charge ou ne subvient pas à ses besoins. Ce crédit ne peut être demandé que pour une seule personne à charge.

(8) Les autres personnes à charge comprennent toute personne de 18 ans ou plus qui est unie au contribuable par les liens du sang, du mariage ou de l'adoption.

(9) Le crédit fédéral est réduit de 17 % du revenu net de cette personne qui excède 2 690 $.

(10) En 1994, le crédit d'impôt fédéral en raison de l'âge est réduit de 7,5 % du revenu net du contribuable en excédent de 25 921 $. À compter de 1995, cette réduction s'élèvera à 15 %. Le régime fiscal québécois ne sera pas harmonisé avec cette mesure fédérale. Le crédit en raison de l'âge peut être transféré au conjoint ; il ne fait alors l'objet d'aucune réduction. Le crédit supplémentaire pour déficience physique ou mentale peut aussi être transféré au conjoint et à d'autres personnes à charge dans certaines circonstances.

(11) Le revenu de pension admissible diffère suivant que la personne est âgée de 65 ans et plus ou de moins de 65 ans. Les prestations des RPC/RRQ et les versements de pension de vieillesse ou de supplément de revenu garanti ne sont pas admissibles, peu importe l'âge du contribuable.

AUTRES CRÉDITS – QUÉBEC

▓ Cotisations à l'assurance-chômage	20 % des cotisations (maximum 1 245,19 $)
▓ Cotisations au Régime de rentes du Québec ou au Régime de pension du Canada	20 % des cotisations (maximum 806 $)
▓ Dons de charité	20 % des dons sans dépasser 20 % du revenu net
▓ Frais médicaux	20 % des frais médicaux en excédent du moindre de 3 % du revenu net et 1 615 $
▓ Contributions au Fonds des services de santé	20 % des contributions

Les frais de scolarité ne donnent pas droit à un crédit d'impôt aux fins de l'impôt du Québec, mais ils sont déductibles dans le calcul du revenu net. De plus, la déduction de ces frais ne peut être réclamée que par l'étudiant lui-même.

TAUX D'IMPÔT PROVINCIAL 1994 (1) – PARTICULIER RÉSIDANT HORS DU QUÉBEC

	Taux %
Alberta (2) (3) (4)	45,5
Colombie-Britannique (3) (5)	52,5
Île-du-Prince-Édouard (3) (10)	59,5
Manitoba (2) (3) (6)	52,0
Nouveau-Brunswick (3) (7)	64,0
Nouvelle-Écosse (2) (3) (8)	59,5
Ontario (2) (3) (9)	58,0
Saskatchewan (2) (3) (11)	50,0
Terre-Neuve	69,0
Territoires-du-Nord-Ouest	45,0
Yukon (3) (12)	50,0
Non-résidents du Canada	52,0

(1) Les taux sont exprimés en un pourcentage de l'impôt fédéral de base. Ce sont ceux en vigueur à la date de publication.

(2) Plusieurs provinces prévoient des réductions d'impôt pour les personnes à revenus moins élevés, dont l'Alberta, la Nouvelle-Écosse, le Manitoba, l'Ontario et la Saskatchewan.

(3) Ces taux ne tiennent pas compte des surtaxes et de l'impôt au taux uniforme.

(4) L'Alberta prélève un impôt au taux uniforme de 0,5 % sur le revenu imposable et une surtaxe de 8 % (qui ne s'applique pas à l'impôt au taux uniforme) sur un montant d'impôt excédant 3 500 $.

(5) La Colombie-Britannique impose une surtaxe de 30 % sur un montant d'impôt provincial excédant 5 300 $ et une autre surtaxe de 20 % sur l'impôt provincial excédant 9 000 $.

(6) Au Manitoba, un impôt au taux uniforme de 2 % est calculé sur le revenu net. De plus, une surtaxe de 2 % est calculée sur le revenu net excédant 30 000 $ (c.-à-d. qu'il existe un crédit de base de 600 $ et des crédits supplémentaires peuvent s'appliquer).

(7) Une surtaxe de 8 % s'applique à l'impôt du Nouveau-Brunswick excédant 13 500 $.

(8) La Nouvelle-Écosse impose une surtaxe de 20 % sur l'impôt provincial se situant entre 7 000 $ et 10 499 $ et de 30 % sur l'impôt provincial de 10 500 $ et plus.

(9) La surtaxe de l'Ontario est de 20 % sur l'impôt provincial supérieur à 5 500 $ et ne dépassant pas 8 000 $. Elle est de 30 % sur l'impôt provincial supérieur à 8 000 $.

(10) L'Île-du-Prince-Édouard impose une surtaxe de 10 % sur un montant d'impôt provincial supérieur à 12 500 $.

(11) La Saskatchewan prélève un impôt au taux uniforme de 2 % sur le revenu net. Une surtaxe de 15 % s'applique à l'impôt provincial (y compris la taxe au taux uniforme) excédant 4 000 $. Une surtaxe additionnelle de 10 % s'applique à l'impôt provincial de base plus la taxe au taux uniforme.

(12) Le Yukon impose une surtaxe de 5 % sur l'impôt du Yukon supérieur à 6 000 $.

TAUX D'IMPÔT SUR LE REVENU DES PARTICULIERS COMBINÉS (FÉDÉRAL ET PROVINCIAL) 1994 (1) (6)

Revenu imposable (A)	(B)	Alberta (2)(3)(4) — Taux prov. de 45,5 % — Impôt sur (A)	Taux sur excédent (B)-(A)	Colombie-Britannique (2) — Taux prov. de 52,5 % — Impôt sur (A)	Taux sur excédent (B)-(A)	Île-du-Prince-Édouard (2) — Taux prov. de 59,5 % — Impôt sur (A)	Taux sur excédent (B)-(A)	Manitoba (2)(3)(4) — Taux prov. de 52 % — Impôt sur (A)	Taux sur excédent (B)-(A)
0 $	6 456 $	0 $	0,00 %	0 $	0,00 %	0 $	0,00 %	0 $	0,00 %
6 457	6 957	0	17,51	0	26,44	0	27,63	129	17,51
6 958	7 000	87	–	132	–	138	–	227	–
7 001	7 793	94	–	143	–	150	–	235	–
7 794	7 941	233	–	353	–	369	–	390	–
7 942	8 347	258	–	392	–	410	–	437	–
8 348	8 535	329	–	499	–	522	–	569	32,35
8 536	9 545	362	–	549	–	574	–	629	–
9 546	9 575	542	29,91	816	–	853	–	956	–
9 576	10 000	651	–	824	–	861	–	966	–
10 001	14 000	678	25,75	936	–	979	–	1 103	–
14 001	16 508	1 874	–	1 994	–	2 084	–	2 397	–
16 509	17 999	2 620	–	2 657	–	2 776	–	3 209	–
18 000	21 500	3 004	–	3 051	–	3 188	–	3 691	–
21 501	23 000	3 905	–	3 976	–	4 155	–	4 824	28,35
23 001	29 590	4 291	–	4 373	–	4 570	–	5 279	–
29 591	30 000	5 987	39,11	6 115	40,43	6 390	42,25	7 279	44,30
30 001	30 999	6 148	–	6 280	–	6 663	–	7 460	–
31 000	39 203	6 538	–	6 684	–	6 985	–	7 903	–
39 204	44 052	9 747	40,06	10 001	–	10 451	–	11 537	–
44 053	50 000	11 643	–	11 962	–	12 500	–	13 685	–
50 001	50 938	14 026	–	14 366	–	15 013	–	16 320	–
50 939	52 624	14 402	–	14 746	–	15 409	–	16 736	–
52 625	53 294	15 077	–	15 427	–	16 122	–	17 483	–
53 295	59 180	15 345	–	15 698	–	16 405	–	17 779	–
59 181	59 657	17 704	44,62	18 320	49,66	18 893	47,13	20 388	48,95
59 658	60 469	17 917	–	18 557	–	19 118	–	20 622	–
60 470	62 194	18 279	–	18 960	–	19 500	–	21 019	–
62 195	66 652	19 049	46,07	19 817	51,11	20 313	48,58	21 863	50,40
66 653	78 203	21 103	–	22 095	–	22 478	–	24 110	–
78 204	79 941	26 424	–	27 999	–	28 089	–	29 932	–
79 942	91 532	27 225	–	28 941	54,16	28 934	–	30 808	–
91 533	91 826	32 565	–	35 218	–	34 564	50,30	36 650	–
91 827	et plus	32 701	–	35 378	–	34 712	–	36 798	–

TAUX D'IMPÔT SUR LE REVENU DES PARTICULIERS COMBINÉS (FÉDÉRAL ET PROVINCIAL) 1994 (1) (6) (suite)

Revenu imposable (A)	(B)	Nouveau-Brunswick (2) Taux prov. de 64 % — Impôt sur (A)	Taux sur excédent (B) – (A)	Nouvelle-Écosse (2) Taux prov. de 59,5 % — Impôt sur (A)	Taux sur excédent (B) – (A)	Ontario (2) (3) Taux prov. de 58 % — Impôt sur (A)	Taux sur excédent (B) – (A)	Québec (2) (5) Impôt sur (A)	Taux sur excédent (B) – (A)
0 $	6 456 $	0 $	00,00 %	0 $	00,00 %	0 $	00,00 %	0 $	00,00 %
6 457	6 957	0	28,39	0	17,51	0	17,51	0	14,71
6 958	7 000	142	–	87	–	87	–	73	–
7 001	7 793	154	–	95	–	95	–	80	–
7 794	7 941	379	–	234	–	234	–	196	–
7 942	8 347	421	–	260	27,62	260	–	218	–
8 348	8 535	536	–	372	–	331	–	278	34,09
8 536	9 545	590	–	424	–	364	47,03	342	–
9 546	9 575	876	–	703	–	839	–	686	–
9 576	10 000	886	–	711	–	853	27,37	696	–
10 001	14 000	1 006	–	829	–	969	–	841	–
14 001	16 508	2 141	–	1 934	–	2 064	–	2 205	36,13
16 509	17 999	2 853	–	2 702	–	2 751	–	3 111	–
18 000	21 500	3 277	–	3 188	–	3 159	–	3 649	–
21 501	23 000	4 270	–	4 155	–	4 117	–	4 914	–
23 001	29 590	4 695	–	4 570	–	4 528	–	5 456	38,16
29 591	30 000	6 567	43,42	6 390	42,25	6 331	41,86	7 971	45,95
30 001	30 999	6 745	–	6 563	–	6 503	–	8 159	–
31 000	39 203	7 179	–	6 985	–	6 921	–	8 618	47,10
39 204	44 052	10 741	–	10 451	–	10 355	–	12 482	–
44 053	50 000	12 846	–	12 500	–	12 385	–	14 766	–
50 001	50 938	15 429	–	15 013	–	14 875	–	17 568	48,17
50 939	52 624	15 836	–	15 409	–	15 267	44,88	18 020	–
52 625	53 294	16 568	–	16 122	–	16 024	–	18 832	48,89
53 295	59 180	16 859	–	16 405	–	16 324	–	19 159	–
59 181	59 657	19 416	48,43	18 893	47,13	18 967	50,05	22 037	51,49
59 658	60 469	19 647	–	19 118	–	19 206	–	22 284	–
60 470	62 194	20 040	–	19 528	–	19 612	–	22 701	–
62 195	66 652	20 875	49,88	20 401	52,03	20 476	51,50	23 590	52,94
66 653	78 203	23 099	–	22 720	–	22 772	53,19	25 949	–
78 204	79 941	28 861	–	28 729	–	28 915	–	32 063	–
79 942	91 532	29 728	–	29 634	–	29 840	–	32 983	–
91 533	91 826	35 509	–	35 664	–	36 004	–	39 119	–
91 827	et plus	35 656	51,36	35 817	53,75	36 161	–	39 276	–

TAUX D'IMPÔT SUR LE REVENU DES PARTICULIERS COMBINÉS (FÉDÉRAL ET PROVINCIAL) 1994 (1) (6) (suite)

Revenu imposable (A)	Revenu imposable (B)	Saskatchewan (2) (3) (4) Taux prov. de 50 % — Impôt sur (A)	Taux sur excédent (B) – (A)	Terre-Neuve Taux prov. de 69 % — Impôt sur (A)	Taux sur excédent (B) – (A)	Territoires-du-Nord-Ouest Taux de 45 % — Impôt sur (A)	Taux sur excédent (B) – (A)
0 $	6 456 $	0 $	0,00 %	0 $	0,00 $	0 $	0,00 %
6 457	6 957	0	17,51	0	29,24	0	25,16
6 958	7 000	87	29,06	146	–	126	–
7 001	7 793	100	–	159	–	136	–
7 794	7 941	330	–	390	–	336	–
7 942	8 347	373	–	434	–	373	–
8 348	8 535	491	–	552	–	475	–
8 536	9 545	546	–	607	–	523	–
9 546	9 575	839	–	903	–	777	–
9 576	10 000	848	–	911	–	784	–
10 001	14 000	972	34,06	1 036	–	891	–
14 001	16 508	2 334	29,06	2 205	–	1 898	–
16 509	17 999	3 063	–	2 939	–	2 529	–
18 000	21 500	3 496	–	3 375	–	2 904	–
21 501	23 000	4 513	–	4 398	–	3 785	–
23 001	29 590	4 949	–	4 837	–	4 162	–
29 591	30 000	6 864	43,28	6 763	44,72	5 820	38,48
30 001	30 999	7 041	–	6 947	–	5 978	–
31 000	39 203	7 474	–	7 394	–	6 362	–
39 204	44 052	11 024	45,53	11 062	–	9 519	–
44 053	50 000	13 305	–	13 231	–	11 385	–
50 001	50 938	16 102	–	15 891	–	13 674	–
50 939	52 624	16 543	–	16 310	–	14 034	–
52 625	53 294	17 336	–	17 064	–	14 683	–
53 295	59 180	17 651	–[3]	17 364	–	14 941	–
59 181	59 657	20 421	50,49	19 997	49,88	17 207	42,92
59 658	60 469	20 670	–	20 235	–	17 412	–
60 470	62 194	21 093	–	20 640	–	17 760	–
62 195	66 652	21 992	51,95	21 501	51,33	18 500	44,37
66 653	78 203	24 382	–	23 789	–	20 478	–
78 204	79 941	30 572	–	29 718	–	25 604	–
79 942	91 532	31 504	–	30 610	–	26 375	–
91 533	91 826	37 716	–	36 560	–	31 518	–
91 827	et plus	37 874	–	36 711	–	31 648	–

TAUX D'IMPÔT SUR LE REVENU DES PARTICULIERS COMBINÉS (FÉDÉRAL ET PROVINCIAL) 1994 (1) (6) (suite)

Revenu imposable (A)	(B)	Yukon (2) Taux de 50 % Impôt sur (A)	Taux sur excédent (B) – (A)	Non-résidents Taux de 52 % Impôt sur (A)	Taux sur excédent (B) – (A)
0 $	6 456 $	0 $	0,00 %	0 $	0,00 %
6 457	6 957	0	26,01	0	26,35
6 958	7 000	130	–	132	–
7 001	7 793	141	–	143	–
7 794	7 941	347	–	352	–
7 942	8 347	386	–	391	–
8 348	8 535	491	–	498	–
8 536	9 545	540	–	547	–
9 546	9 575	803	–	813	–
9 576	10 000	811	–	821	–
10 001	14 000	921	–	933	–
14 001	16 508	1 962	–	1 987	–
16 509	17 999	2 614	–	2 648	–
18 000	21 500	3 002	–	3 041	–
21 501	23 000	3 912	–	3 964	–
23 001	29 590	4 303	–	4 359	–
29 591	30 000	6 016	39,78	6 095	40,30
30 001	30 999	6 179	–	6 260	–
31 000	39 203	6 577	–	6 663	–
39 204	44 052	9 840	–	9 969	–
44 053	50 000	11 769	–	11 923	–
50 001	50 938	14 135	–	14 320	–
50 939	52 624	14 509	–	14 698	–
52 625	53 294	15 179	–	15 378	–
53 295	59 180	15 446	–	15 648	–
59 181	59 657	17 789	–	18 021	44,95
59 658	60 469	18 000	44,37	18 235	–
60 470	62 194	18 360	45,10	18 600	–
62 195	66 652	19 138	45,82	19 375	46,40
66 653	78 203	21 213	–	21 444	–
78 204	79 941	26 589	–	26 804	–
79 942	91 532	27 399	–	27 610	–
91 533	91 826	32 793	–	32 988	–
91 827	et plus	32 930	–	33 125	–

Notes :

(1) Il s'agit de taux marginaux. Dans le cas de contribuables à faibles revenus, les réductions provinciales d'impôt, le cas échéant, peuvent modifier ces taux. Les chiffres ont été arrondis au dollar près.

(2) Les surtaxes provinciales s'appliquent comme suit :

Province	Taux
Alberta	8 % du montant d'impôt provincial (à l'exclusion de l'impôt au taux uniforme) excédant 3 500 $
Colombie-Britannique	30 % du montant d'impôt provincial excédant 5 300 $ et une surtaxe additionnelle de 20 % sur l'impôt provincial excédant 9 000 $
I.-P.-É.	10 % du montant d'impôt provincial excédant 12 500 $
Manitoba	Surtaxe de 2 % du revenu net excédant 30 000 $
Nouveau-Brunswick	8 % du montant d'impôt provincial excédant 13 500 $
Nouvelle-Écosse	20 % du montant d'impôt provincial excédant 7 000 $ et une surtaxe additionnelle de 10 % du montant d'impôt provincial excédant 10 500 $
Ontario	20 % du montant d'impôt provincial excédant 5 500 $ sans dépasser 8 000 $ et 30 % sur l'impôt provincial excédant 8 000 $
Québec	5 % du montant d'impôt provincial excédant 5 000 $ et 5 % additionnel du montant d'impôt provincial excédant 10 000 $
Saskatchewan	10 % du montant d'impôt provincial (y compris l'impôt au taux uniforme) et une surtaxe additionnelle de 15 % du montant d'impôt provincial (y compris l'impôt au taux uniforme) excédant 4 000 $
Yukon	5 % sur l'impôt du Yukon excédant 6 000 $

(3) Une réduction d'impôt est accordée aux personnes à faible revenu. Cette réduction diminue graduellement lorsque le revenu augmente, ce qui, en certains cas, augmente le taux marginal d'imposition. Nous avons tenu compte uniquement des réductions qui s'appliquent à tous les particuliers.

- En Saskatchewan, la réduction de base de 200 $ pour taxe de vente (les autres réductions sont basées sur l'âge et la situation familiale) élimine l'impôt provincial jusqu'à ce que le revenu imposable atteigne entre 6 957 $ et 10 000 $. La réduction diminue ensuite progressivement et elle est complètement annulée lorsque le revenu imposable atteint 14 000 $.

- En Alberta, la réduction d'impôt élimine l'impôt provincial jusqu'à ce que le revenu imposable atteigne 9 545 $. La réduction diminue ensuite progressivement et elle est complètement annulée lorsque le revenu imposable atteint 16 508 $.

- Au Manitoba, la réduction d'impôt élimine l'impôt provincial jusqu'à ce que le revenu imposable atteigne 7 793 $. La réduction diminue ensuite progressivement et elle est complètement annulée lorsque le revenu imposable atteint 21 500 $.

– En Nouvelle-Écosse, la réduction d'impôt élimine l'impôt provincial jusqu'à ce que le revenu imposable atteigne entre 7 941 $ et 15 000 $. Elle diminue ensuite progressivement et elle est complètement annulée lorsque le revenu imposable atteint 18 000 $.

– En Ontario, la réduction d'impôt élimine l'impôt provincial jusqu'à ce que le revenu imposable atteigne 8 535 $. La réduction diminue ensuite progressivement et elle est complètement annulée lorsque le revenu imposable atteint 9 575 $.

– Au Québec, la réduction élimine l'impôt provincial jusqu'à ce que le revenu imposable atteigne 8 347 $ et elle s'applique par la suite à un taux de 2 % de l'excédent de 10 000 $ sur le montant des impôts exigibles. La surtaxe du Québec s'applique sur le montant des impôts avant la réduction.

(4) En Alberta, un impôt au taux uniforme de 0,5 % s'applique sur le revenu imposable. Au Manitoba et en Saskatchewan, un impôt au taux uniforme de 2 % s'applique sur le revenu net. Dans ces deux derniers cas, nous avons présumé que le revenu net égale le revenu imposable.

(5) Pour faciliter la comparaison, nous avons présumé que les revenus imposables fédéral et provincial sont les mêmes. Les résidents du Québec ont droit à un abattement de 16,5 % de l'impôt fédéral. Nous avons également tenu compte du crédit d'impôt personnel de base de 1 180 $ au Québec.

(6) Ces taux tiennent compte de la surtaxe fédérale et, pour déterminer la tranche d'imposition à laquelle s'appliquent les taux, le crédit d'impôt personnel fédéral de 1 098 $ a été pris en considération.

TAUX MARGINAUX SUR LES GAINS EN CAPITAL – 1994 (1)

Revenu imposable	Alberta	Colombie-Britannique	Île-du-Prince-Édouard	Manitoba	Nouveau-Brunswick	Nouvelle-Écosse	Ontario
21 501 $ – 23 000 $	19,31 %	19,83 %	20,72 %	21,26 %	21,29 %	20,72 %	20,53 %
23 001 – 29 590	19,31	19,83	20,72	21,26	21,29	20,72	20,53
29 591 – 30 000	29,33	30,32	31,69	31,73	32,57	31,69	31,40
30 001 – 30 999	29,33	30,32	31,69	33,23	32,57	31,69	31,40
31 000 – 39 203	29,33	30,32	31,69	33,23	32,57	31,69	31,40
39 204 – 44 052	29,33	30,32	31,69	33,23	32,57	31,69	31,40
44 053 – 50 000	30,04	30,32	31,69	33,23	32,57	31,69	31,40
50 001 – 50 938	30,04	30,32	31,69	33,23	32,57	31,69	31,40
50 939 – 52 624	30,04	30,32	31,69	33,23	32,57	31,69	31,40
52 625 – 53 294	30,04	30,32	31,69	33,23	32,57	31,69	33,66
53 295 – 59 180	30,04	33,39	35,34	36,71	36,32	35,34	33,66
59 181 – 59 657	33,47	37,25	35,34	36,71	36,32	37,93	33,66
59 658 – 60 469	33,47	37,25	35,34	36,71	36,32	37,93	37,54
60 470 – 62 194	33,47	37,25	36,43	37,80	37,41	39,02	37,54
62 195 – 66 652	34,55	38,33	36,43	37,80	37,41	39,02	37,54
66 653 – 78 201	34,55	38,33	36,43	37,80	37,41	39,02	38,63
78 204 – 79 941	34,55	40,62	36,43	37,80	37,41	40,31	39,89
79 942 – 91 532	34,55	40,62	37,73	37,30	37,41	40,31	39,89
91 533 – 91 826	34,55	40,62	37,73	37,30	37,41	40,31	39,89
91 827 et plus	34,55	40,62	37,73	37,80	38,52	40,31	39,89

(1) Les taux comprennent l'impôt fédéral, la surtaxe fédérale, les différents impôts provinciaux (y compris les surtaxes et les impôts au taux uniforme) et l'abattement fédéral de 16,5 % aux fins de l'impôt du Québec. L'impôt minimum de remplacement n'a pas été pris en considération. Le revenu net est considéré égal au revenu imposable, le revenu imposable aux fins de l'impôt du Québec est présumé égal au revenu imposable fédéral et seulement le crédit d'impôt personnel de base a été pris en considération (1 098 $ au fédéral et 1 180 $ au Québec).

TAUX MARGINAUX SUR LES GAINS EN CAPITAL – 1994 (1) (suite)

Revenu imposable	Québec	Saskatchewan	Terre-Neuve	Territoires-du-Nord-Ouest	Yukon	Non-résidents
21 501 $ – 23 000 $	26,78 %	21,80 %	21,93 %	18,87 %	19,51 %	19,76 %
23 001 – 29 590	28,28	21,80	21,93	18,87	19,51	19,76
29 591 – 30 000	34,12	32,46	33,54	28,86	29,84	30,23
30 001 – 30 999	34,12	32,46	33,54	28,86	29,84	30,23
31 000 – 39 203	34,98	32,46	33,54	28,86	29,84	30,23
39 204 – 44 052	34,98	34,15	33,54	28,86	29,84	30,23
44 053 – 50 000	34,98	34,15	33,54	28,86	29,84	30,23
50 001 – 50 938	35,77	34,15	33,54	28,86	29,84	30,23
50 939 – 52 624	35,77	34,15	33,54	28,86	29,84	30,23
52 625 – 53 294	36,67	34,15	33,54	28,86	29,84	30,23
53 295 – 59 180	36,67	34,15	33,54	28,86	29,84	30,23
59 181 – 59 657	38,61	37,87	37,41	32,19	33,28	33,71
59 658 – 60 469	38,61	37,87	37,41	32,19	33,28	33,71
60 470 – 62 194	38,61	37,87	37,41	32,19	33,82	33,71
62 195 – 66 652	39,70	38,96	38,50	33,28	34,91	34,80
66 653 – 78 203	39,70	38,96	38,50	33,28	34,91	34,80
78 204 – 79 941	39,70	38,96	38,50	33,28	34,91	34,80
79 942 – 91 532	39,70	38,96	38,50	33,28	34,91	34,80
91 533 – 91 826	39,70	38,96	38,50	33,28	34,91	34,80
91 827 et plus	39,70	38,96	38,50	33,28	34,91	34,80

(1) Les taux comprennent l'impôt fédéral, la surtaxe fédérale, les différents impôts provinciaux (y compris les surtaxes et les impôts au taux uniforme) et l'abattement fédéral de 16,5 % aux fins de l'impôt du Québec. L'impôt minimum de remplacement n'a pas été pris en considération. Le revenu net est considéré égal au revenu imposable, le revenu imposable aux fins de l'impôt du Québec est présumé égal au revenu imposable fédéral et seulement le crédit d'impôt personnel de base a été pris en considération (1 098 $ au fédéral et 1 180 $ au Québec).

TAUX MARGINAUX SUR LES DIVIDENDES – 1994 (1)

Revenu imposable	Alberta	Colombie-Britannique	Île-du-Prince-Édouard	Manitoba	Nouveau-Brunswick	Nouvelle-Écosse	Ontario
21 501 $ – 23 000 $	7,43 %	7,13 %	7,45 %	9,60 %	7,65 %	7,45 %	7,38 %
23 001 – 29 590	7,43	7,13	7,45	9,60	7,65	7,45	7,38
29 591 – 30 000	24,14	24,62	25,73	27,04	26,44	25,73	25,49
30 001 – 30 999	24,14	24,62	25,73	29,54	26,44	25,73	25,49
31 000 – 39 203	24,14	24,62	25,73	29,54	26,44	25,73	25,49
39 204 – 44 052	24,14	24,62	25,73	29,54	26,44	25,73	25,49
44 053 – 50 000	24,71	24,62	25,73	29,54	26,44	25,73	25,49
50 001 – 50 938	24,71	24,62	25,73	29,54	26,44	25,73	25,49
50 939 – 52 624	24,71	24,62	25,73	29,54	26,44	25,73	27,33
52 625 – 53 294	24,71	24,62	25,73	29,54	26,44	25,73	27,33
53 295 – 59 180	24,71	27,11	25,73	29,54	26,44	25,73	27,33
59 181 – 59 657	30,42	33,54	31,82	35,35	32,70	31,82	33,80
59 658 – 60 469	30,42	33,54	31,82	35,35	32,70	34,15	33,80
60 470 – 62 194	30,42	33,54	31,82	35,35	32,70	34,15	33,80
62 195 – 66 652	31,40	34,52	32,80	36,33	33,68	35,13	34,78
66 653 – 78 203	31,40	34,52	32,80	36,33	33,68	35,13	35,92
78 204 – 79 241	31,40	36,57	32,80	36,33	33,68	35,13	35,92
79 942 – 91 532	31,40	36,57	32,80	36,33	33,68	36,30	35,92
91 533 – 91 826	31,40	36,57	33,97	36,33	33,68	36,30	35,92
91 827 et plus	31,40	36,57	33,97	36,33	34,69	36,30	35,92

(1) Les taux comprennent l'impôt fédéral, la surtaxe fédérale, les différents impôts provinciaux (y compris les surtaxes et les impôts au taux uniforme) le crédit d'impôt fédéral pour dividendes (et du Québec) et l'abattement fédéral de 16,5 % aux fins de l'impôt du Québec. Le crédit d'impôt fédéral pour dividendes est de 13 1/3 % du dividende majoré. Le crédit d'impôt provincial (Québec) pour dividendes est de 8,87 % du dividende majoré. L'impôt minimum de remplacement n'a pas été pris en considération. Le revenu net est considéré égal au revenu imposable, le revenu imposable aux fins de l'impôt du Québec est présumé égal au revenu imposable fédéral et seulement le crédit d'impôt personnel de base a été pris en considération (1 098 $ au fédéral et 1 180 $ au Québec).

TAUX MARGINAUX SUR LES DIVIDENDES – 1994 (1) (suite)

Revenu imposable	Québec	Saskatchewan	Terre-Neuve	Territoires-du-Nord-Ouest	Yukon	Non-résidents
21 501 $ – 23 000 $	19,13 %	9,99 %	7,88 %	6,78 %	7,01 %	7,10 %
23 001 – 29 590	21,63	9,99	7,88	6,78	7,01	7,10
29 591 – 30 000	31,37	27,77	27,23	23,43	24,23	24,54
30 001 – 30 999	31,37	27,77	27,23	23,43	24,23	24,54
31 000 – 39 203	32,25	27,77	27,23	23,43	24,23	24,54
39 204 – 44 052	32,25	29,33	27,23	23,43	24,23	24,54
44 053 – 50 000	32,25	29,33	27,23	23,43	24,23	24,54
50 001 – 50 938	33,56	29,33	27,23	23,43	24,23	24,54
50 939 – 52 624	33,56	29,33	27,23	23,43	24,23	24,54
52 625 – 53 294	34,51	29,33	27,23	23,43	24,23	24,54
53 295 – 59 180	34,51	29,33	27,23	23,43	24,23	24,54
59 181 – 59 657	37,75	35,54	33,68	28,98	29,96	30,35
59 658 – 60 469	37,75	35,54	33,68	28,98	29,96	30,35
60 470 – 62 194	37,75	35,54	33,68	28,98	30,45	30,35
62 195 – 66 652	38,73	36,51	34,66	29,96	31,43	31,33
66 653 – 78 203	38,73	36,51	34,66	29,96	31,43	31,33
78 204 – 79 941	38,73	36,51	34,66	29,96	31,43	31,33
79 942 – 91 532	38,73	36,51	34,66	29,96	31,43	31,33
91 533 – 91 826	38,73	36,51	34,66	29,96	31,43	31,33
91 827 et plus	38,73	36,51	34,66	29,96	31,43	31,33

(1) Les taux comprennent l'impôt fédéral, la surtaxe fédérale, les différents impôts provinciaux (y compris les surtaxes et les impôts au taux uniforme) le crédit d'impôt fédéral pour dividendes (et du Québec) et l'abattement fédéral de 16,5 % aux fins de l'impôt du Québec. Le crédit d'impôt fédéral pour dividendes est de 13 1/3 % du dividende majoré. Le crédit d'impôt provincial (Québec) pour dividendes est de 8,87 % du dividende majoré. L'impôt minimum de remplacement n'a pas été pris en considération. Le revenu net est considéré égal au revenu imposable, le revenu imposable aux fins de l'impôt du Québec est présumé égal au revenu imposable fédéral et seulement le crédit d'impôt personnel de base a été pris en considération (1 098 $ au fédéral et 1 180 $ au Québec).

CRÉDITS D'IMPÔT PERSONNELS COMBINÉS (FÉDÉRAL ET PROVINCIAL) 1994 (1)

	Crédit d'impôt Fédéral	Alb.	C.-B.	Î.-P.-É.	Man.	N.-B.	N.-É.	Ont.	Sask.	T.-N.	T.-N.-O.	Yukon
De base	1 098 $	1 725 $	2 050 $	1 904 $	1 767 $	1 944 $	2 034 $	2 013 $	1 871 $	1 943 $	1 679 $	1 762 $
De personne mariée ou équivalent (2) (3)	915	1 437	1 708	1 586	1 473	1 620	1 695	1 677	1 559	1 619	1 399	1 468
De personne de 65 ans ou plus (5)	592	930	1 105	1 027	953	1 048	1 097	1 086	1 009	1 048	906	950
Autres personnes à charge (4)	269	423	503	467	433	477	499	494	459	476	412	432
Personne infirme (5)	720	1 131	1 344	1 248	1 159	1 275	1 334	1 320	1 227	1 274	1 101	1 155

Notes:

1. Les crédits sont arrondis au dollar près. Les montants combinés tiennent compte des taux d'imposition des provinces; ils comprennent la surtaxe fédérale de 8 % et les surtaxes provinciales aux taux les plus élevés. Les crédits ne touchent pas l'impôt uniforme.

Les crédits pour personne à charge de moins de 18 ans ont été supprimés en 1993 et remplacés par la nouvelle prestation fiscale pour enfant.

2. Depuis 1993, les conjoints de fait sont considérés comme des conjoints aux fins de l'impôt. Un conjoint de fait s'entend d'une personne de sexe opposé qui vit avec un particulier dans une situation assimilable à une union conjugale depuis au moins douze mois ou d'une personne qui vit avec un particulier dans une situation assimilable à une union conjugale et est le père ou la mère d'un enfant dont le particulier est le père ou la mère.

3. Le crédit est réduit lorsque le revenu net du conjoint ou de la personne à charge admissible se situe entre 538 $ et 5 918 $. Ce crédit est éliminé si le revenu net excède 5 918 $.

4. Le montant du crédit est réduit si le revenu net de la personne à charge se situe entre 2 690 $ et 4 273 $ et il est supprimé lorsque ce revenu est supérieur à 4 273 $.

5. Lorsqu'un particulier est admissible au crédit d'impôt mais qu'il ne peut s'en prévaloir, le crédit peut être transféré à un conjoint.

247

INDEX

249

BUREAUX AU CANADA

SAMSON BÉLAIR/DELOITTE & TOUCHE		DELOITTE & TOUCHE	
Alma	(418) 669-6969	Calgary	(403) 267-1700
Amos	(819) 732-8273	Charlottetown	(902) 566-2566
Baie-Comeau	(418) 589-5761	Cornwall	(613) 932-5421
Chicoutimi	(418) 549-6650	Edmonton	(403) 421-3611
Dolbeau	(418) 276-0133	Fredericton	(506) 458-8105
Farnham	(514) 293-5327	Guelph	(519) 822-2000
Granby	(514) 372-3347	Halifax	(902) 422-8541
Grand-Mère	(819) 538-1721	Hamilton	(905) 523-6770
Hull	(819) 770-3221	Hawkesbury	(613) 632-4178
Jonquière	(418) 542-9523	Kitchener	(519) 576-0880
La Baie (Ville de)	(418) 544-7313	Langley	(604) 534-7477
La Malbaie	(418) 665-3965	London	(519) 679-1880
Laval	(514) 668-8910	Markham	(905) 475-4100
Longueuil	(514) 670-4270	Mississauga	(905) 803-5100
Matane	(418) 566-2637	Moncton	(506) 857-8400
Montréal	(514) 393-7115	New Westminster	(604) 664-6200
Québec	(418) 624-3333	North York	(416) 229-2100
Rimouski	(418) 724-4136	Oshawa	(905) 579-8202
Roberval	(418) 275-2111	Ottawa	(613) 236-2442
Rouyn-Noranda	(819) 762-0958	Prince Albert	(306) 763-7411
Saint-Hyacinthe	(514) 774-4000	Prince George	(604) 564-1111
Sept-Îles	(418) 968-1311	Regina	(306) 525-1600
Shawinigan	(819) 537-7281	Saint John	(506) 632-1080
Sherbrooke	(819) 564-0384	Sarnia	(519) 336-6133
Saint-Félicien	(418) 679-4711	Saskatoon (Midtown Plaza)	(306) 343-4200
Trois-Rivières	(819) 691-1212	Saskatoon (PCS Tower)	(306) 343-4400
		St. Catharines	(905) 688-1841
		St. John's	(709) 576-8480
		Sydney	(902) 564-4517
		Toronto	(416) 601-6150
		Toronto (Braxton)	(416) 601-5683
		Vancouver	(604) 669-4466
		Victoria	(604) 360-5000
		Waterloo	(519) 747-3207
		Windsor	(519) 258-8833
		Winnipeg	(204) 942-0051

COLLECTION LES AFFAIRES